21纪交通版
高等学校应用型本科规划教材
编　委　会

高等学校应用型本科规划教材

道路工程制图习题集

Daolu Gongcheng Zhitu Xitiji

谭海洋 主编
和丕壮 主审

人民交通出版社

内 容 提 要

本习题集以高等学校工科制图课程教学指导委员会制定的“画法几何及土木建筑制图课程教学基本要求”和国家近期颁布的有关新标准,结合近几年教学改革经验编写而成,与谭海洋编写的《道路工程制图》教材配套使用。习题集编排顺序与教材顺序一致。

本书作为高等学校应用型本科层次的土木工程专业教材,也可供相关工程技术人员在生产实践中参考。

图书在版编目(CIP)数据

道路工程制图习题集/谭海洋主编.—北京:人民交通出版社,2008.9

ISBN 978-7-114-07257-4

Ⅰ.道…　Ⅱ.谭…　Ⅲ.道路工程—工程制图—高等学校—习题　Ⅳ.U412.5-44

中国版本图书馆 CIP 数据核字(2008)第 121493 号

高等学校应用型本科规划教材

书　　名:道路工程制图习题集
著 作 者:谭海洋
责任编辑:毛　鹏　岑　瑜
出版发行:人民交通出版社
地　　址:(100011)北京市朝阳区安定门外外馆斜街 3 号
网　　址:http://www.ccpress.com.cn
销售电话:(010)59757973
总 经 销:人民交通出版社发行部
经　　销:各地新华书店
印　　刷:北京武英文博科技有限公司
开　　本:787×1092　1/16
印　　张:12.5
插　　页:2
版　　次:2008 年 9 月　第 1 版
印　　次:2024 年 7 月　第 18 次印刷
书　　号:ISBN 978-7-114-07257-4
定　　价:24.00 元
(有印刷、装订质量问题的图书由本社负责调换)

前　言

本习题集与21世纪交通版高等学校应用型本科规划教材《道路工程制图》配合使用。为方便教学，习题的编排次序与教材体系一致。考虑到土木类各专业的教学学时数不同的需要，在保证本课程教学基本要求的前提下，习题和作业数量有一定的余量，以便根据教学的实际情况加以选择。

本习题集以高等学校工科制图课程教学指导委员会制定的“画法几何及土木建筑制图课程教学基本要求”和国家质量监督检验检疫总局与原建设部2001年联合发布的《房屋建筑制图统一标准》(GB/T 50001—2001)、《总图制图标准》(GB/T 50103—2001)、《建筑制图标准》(GB/T 50104—2001)、《建筑结构制图标准》(GB/T 50105—2001)、《给水排水制图标准》(GB/T 50106—2001)、《道路工程制图》(GB 51602—92)等作为编写的基本依据。

本习题集考虑到土木工程各专业的需要，专业图包括了建筑工程图、道路工程图、桥梁工程图、隧道工程图、水利工程图、港航工程图等，各专业可根据具体需要对内容予以取舍。

本习题集适合各类土木工程本科专业使用。

本习题集由长沙理工大学谭海洋主编。参加部分图稿绘制的有：尹月里(第三章)、蒋少青、尹月里(第四章)、蒋少青、万力(第五章)、蒋少青(第六章)、万力(第七章)、王岱雅、汪琳(第九章)、何祎(第十章、第十五章、第十七章)、禹季芳、汪琳、袁奇(第十二章)。

在本书的编写过程中，参阅了一些国内同类教材，同时也选用了部分单位的施工图纸，在此特向有关作者致谢。

本书承蒙长安大学和丕壮教授审定，为本书提供了许多建设性的意见，在此深表感谢。

书中疏漏和错误之处，恳请读者和同行批评指正。

编者

2008年5月

目　录

上交作业 请沿此虚线剪切

1-1　字体练习。

土建工程制图道路水利港口房屋平面图立面剖设计

路线基础墙柱梁楼梯框架承重结构门窗阳台雨篷散

坡道沟材料钢筋混凝土沙石灰浆砖给排水暖通电建

制图基本知识(一)	班级		姓名		学号		

上交作业 请沿此虚线剪切

1-2　字体练习。

比例尺长宽高厚度标注形状大小体积轴线垂直前后左右上下室内外

地坪素土夯实踏步安全栏杆防潮层进深开间卫生间设备厅贴面隔热

城市管理施工放样太极造砂泥石盖板涵洞挡土墙护坡桥梁支承匝道

制图基本知识(二)	班级		姓名		学号		

上交作业请沿此虚线剪切

1-3 字体练习。

ABCDEFGHIJKLMNOPQRSTUVWXYZ

ABCDEFGHIJKLMNOPQRSTUVWXYZ

1234567890 φ *1234567890 φ*

abcdefghijklmnopqrstuvwxyz

制图基本知识(三)	班级		姓名		学号		

上交作业 请沿此虚线剪切

1-4　制图大作业一。

一、目的

1.正确使用绘图工具及仪器。

2.练习线型画法、圆弧连接及字体写法、尺寸数字的注写方法等。

3.初步掌握制图的基本规格。

二、内容与要求

1.在 A3 图纸上抄绘下图。

2.图名为:图线、字体; 图别:制图基础。

3.图线:基本粗实线 b=0.7mm, 细实线 0.25b=0.18mm,虚线 0.25b=0.18mm。

4.字体:汉字为长仿宋体;图名汉字写 7 号,尺寸数字 3.5 号,其余写 5 号字;所有字均需用轻细线打格书写。

5.要求:作图准确,图面布置匀称,图线粗细分明,连接光滑,字体工整均匀。

6.图纸标题栏在学习期间暂按如下格式绘制。

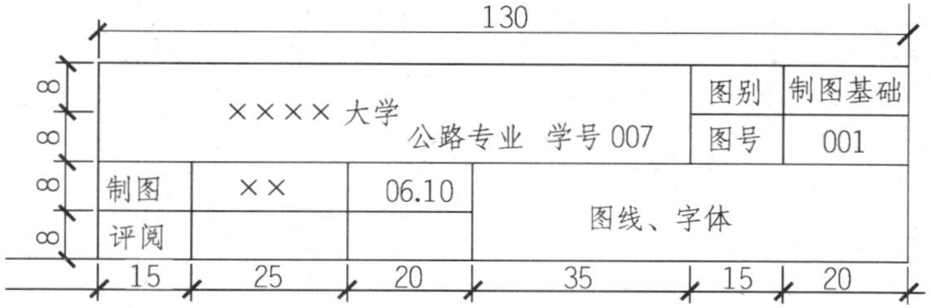

制图基本知识(四)	班级		姓名		学号		

上交作业 请沿此虚线剪切

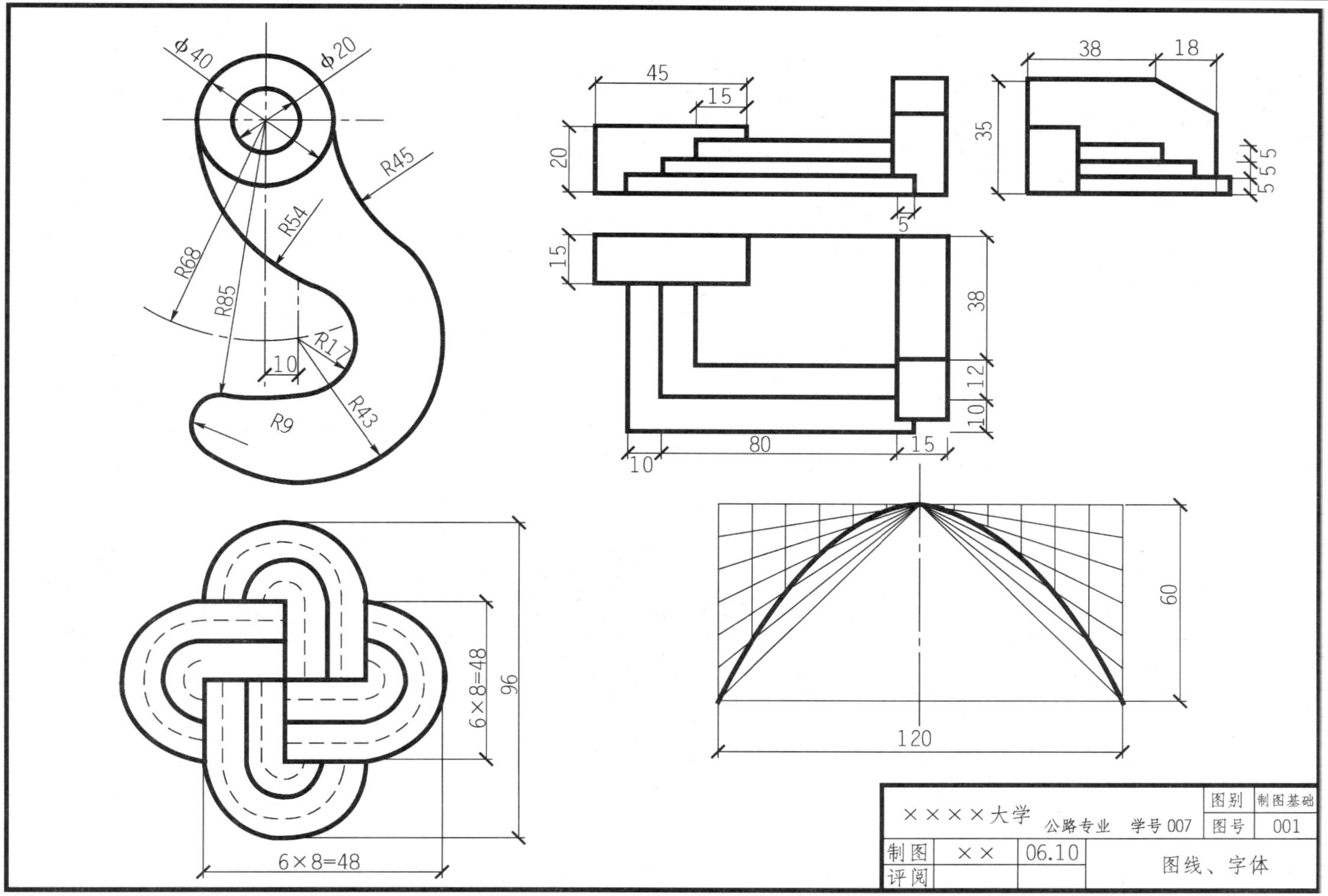

制图基本知识(五)	班级		姓名		学号		

上交作业　请沿此虚线剪切

2-1　对照立体图，分析物体的三面视图，把对应物体的序号标在三面视图旁。

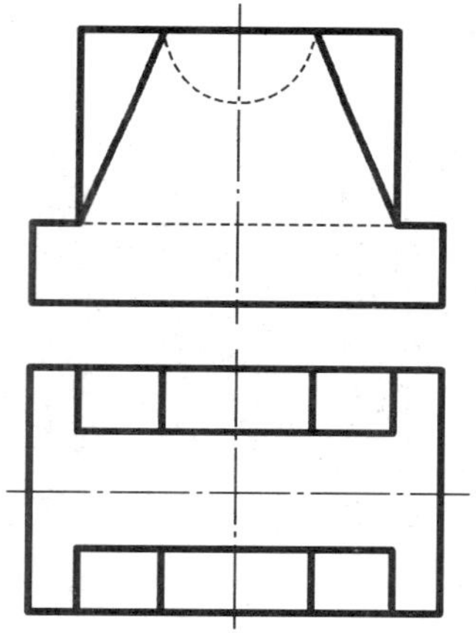

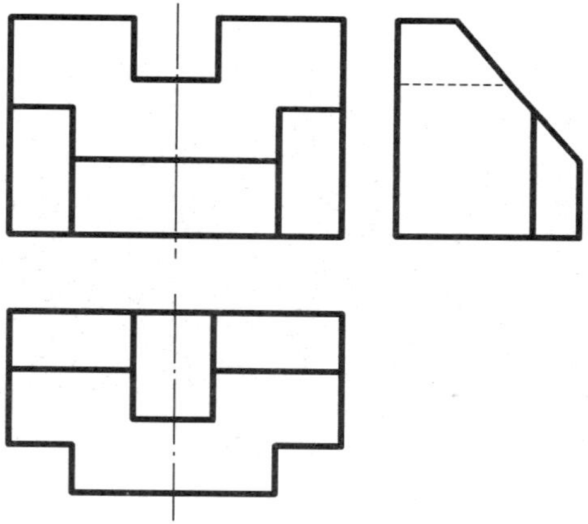

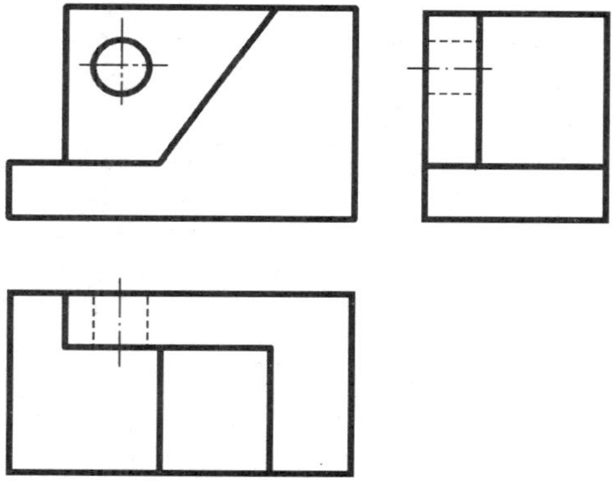

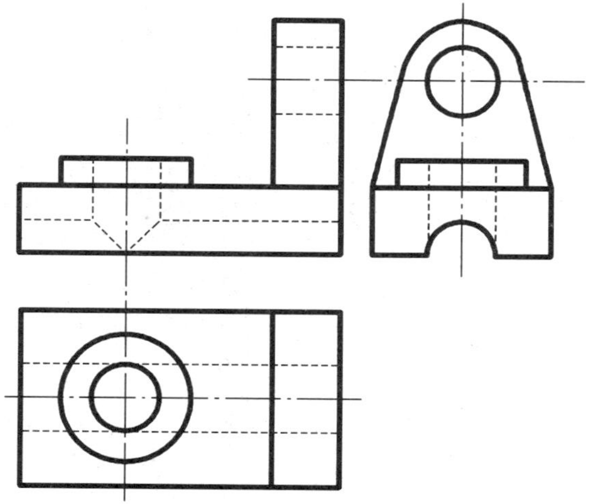

①

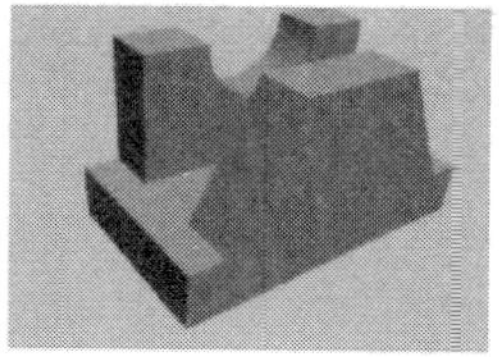

②

③

④

投影基础	班级		姓名		学号		

上交作业 请沿此虚线剪切

3-1 已知点 A 的坐标为(25mm,15mm,25mm),点 B 的坐标为(20mm,20mm,0mm),完成它们的三面投影图和直观图。

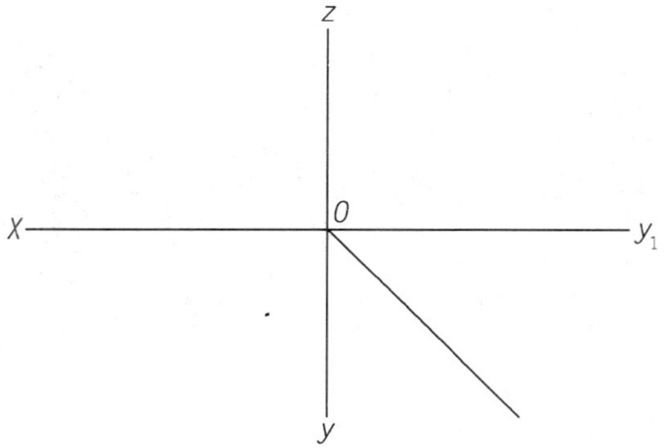

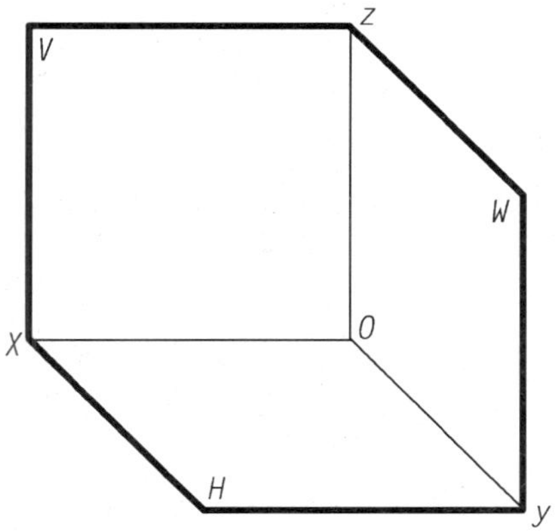

3-2 根据各点的直观图作出其投影图,并写出各点的坐标值(图上量取 mm)。

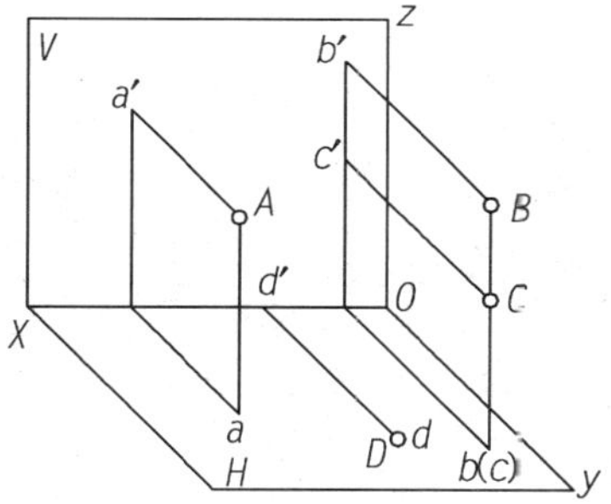

点 A(　　) 点 B(　　)

点 C(　　) 点 D(　　)

3-3 已知三点的三面投影图,点 A 和点 B 对点 C 的相对位置如何(坐标差取绝对值填写在表格中)?

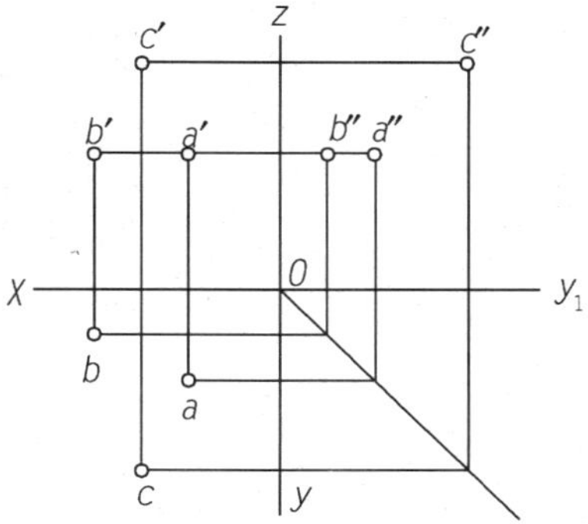

点	对点 C 的 X 坐标差	对点 C 的 Y 坐标差	对点 C 的 Z 坐标差
A			
B			

点(一)	班级		姓名		学号		

上交作业 请沿此虚线剪切

3-4　已知点 B 在点 A 右方 10mm，下方 15mm，后方 10mm；点 C 在点 A 的正左方 8mm；完成它们的三面投影图。

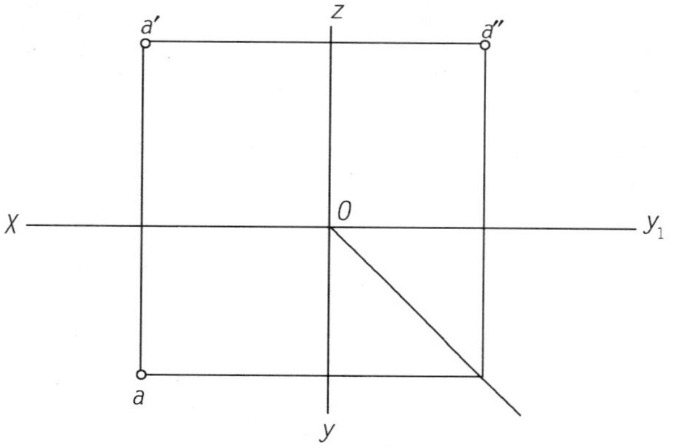

4-1　画出下列直线的第三投影，并判别其相对投影面的位置。

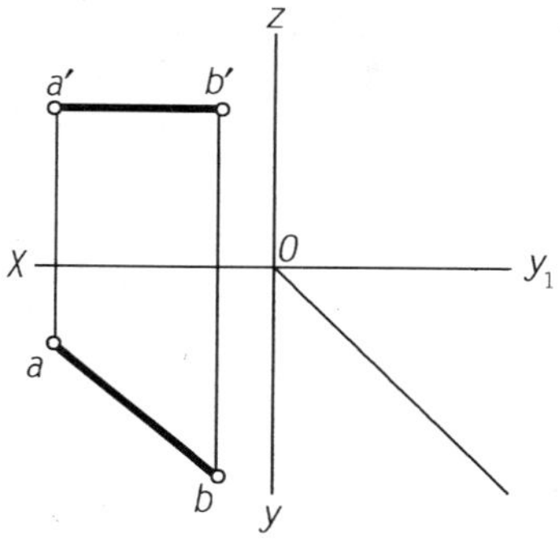

（1）________线

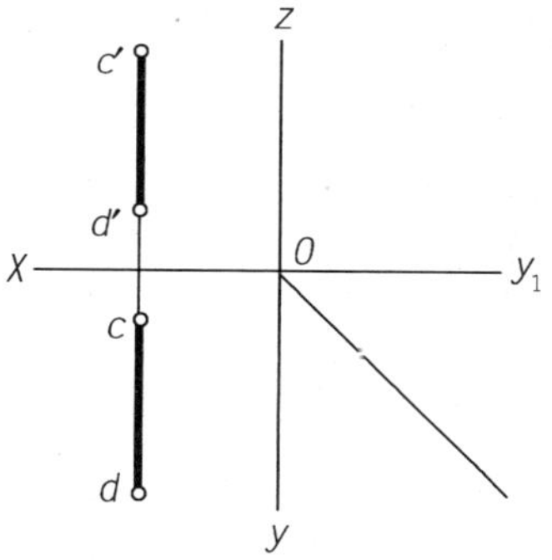

（2）________线

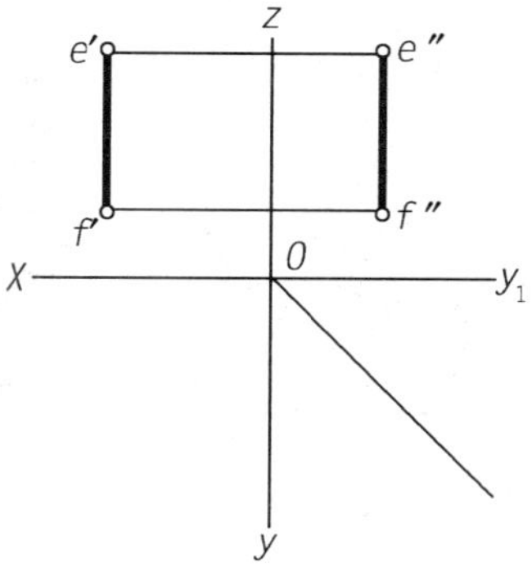

（3）________线

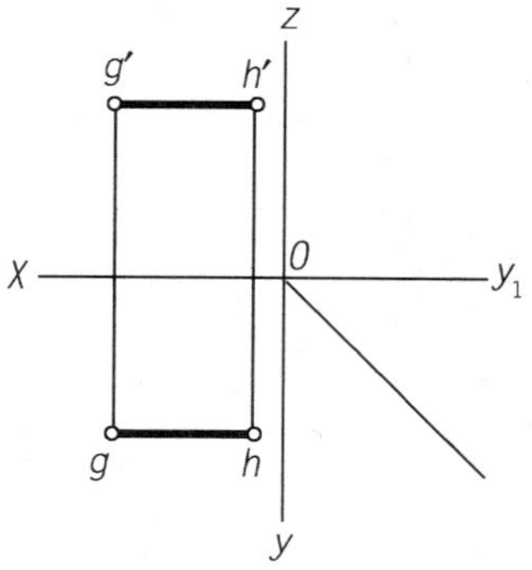

（4）________线

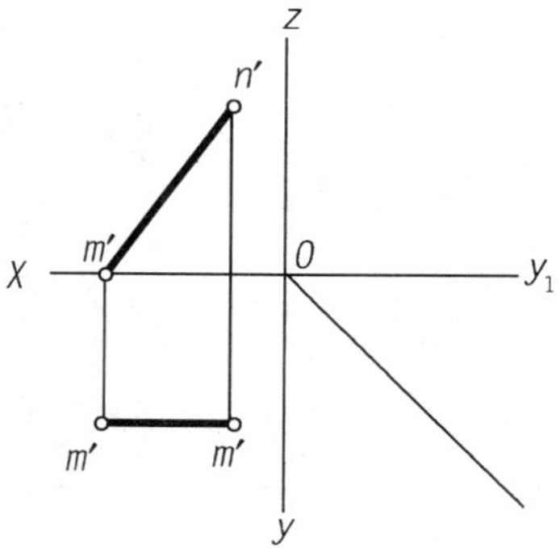

（5）________线

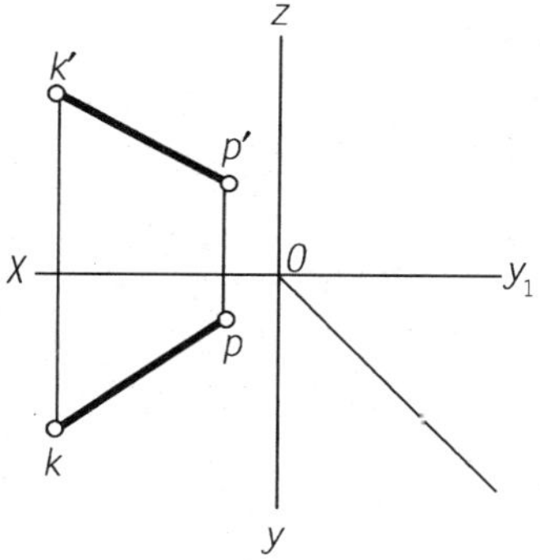

（6）________线

直线（一）	班级		姓名		学号		

上交作业 请沿此虚线剪切

4–2　试分别以点 A 和点 B 为端点作线段 AC 和 BD。它们的实长均为 20mm，其中 AC 为正平线，与 H 面的夹角为 30°；BD 为侧平线，与 V 面的夹角为 60°（只画出一解，并分析本题可有几解）。

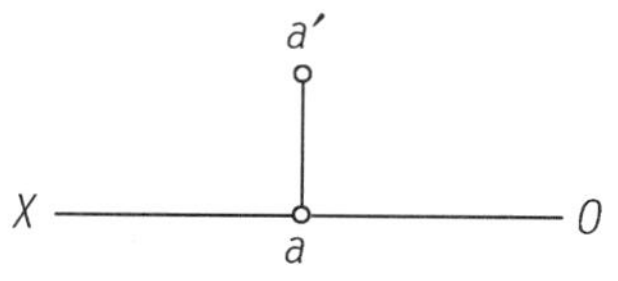

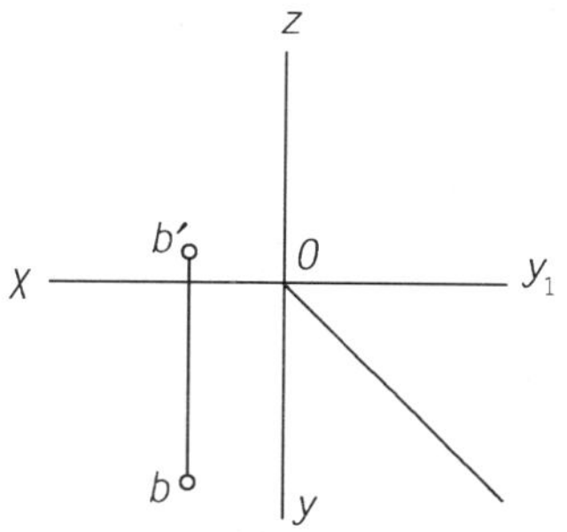

(1)_____解　　　　(2)_____解

4–3　判明三棱锥各棱线对投影面的相对位置，并画出第三面投影。

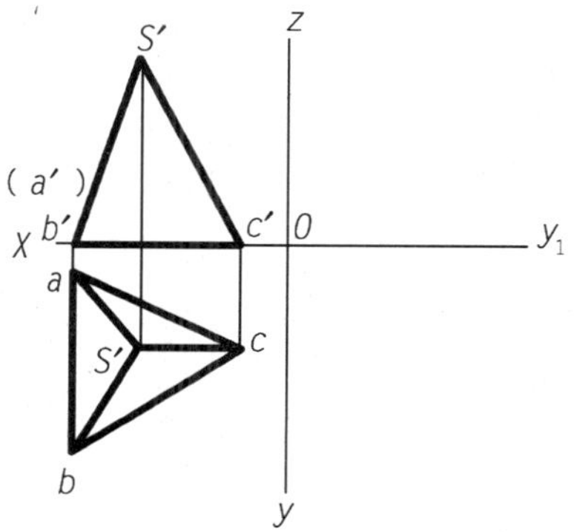

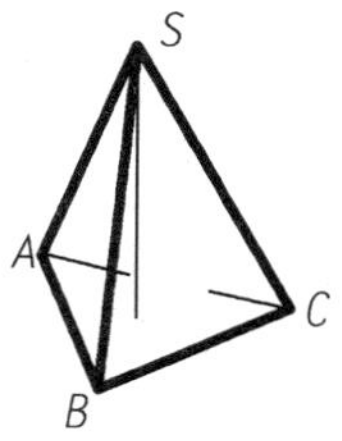

SA______线

SB______线

SC______线

BC、CA 是属于__投影面__线

AB 是属于__投影面__线

4–4　求各线段实长（若有不需作图者，指明实长即可）。

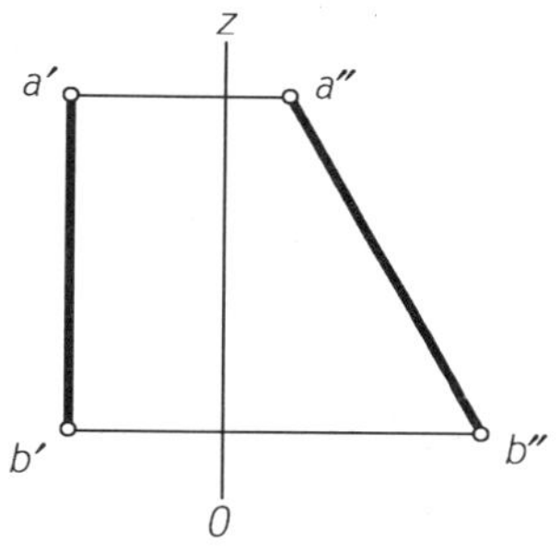

（1）

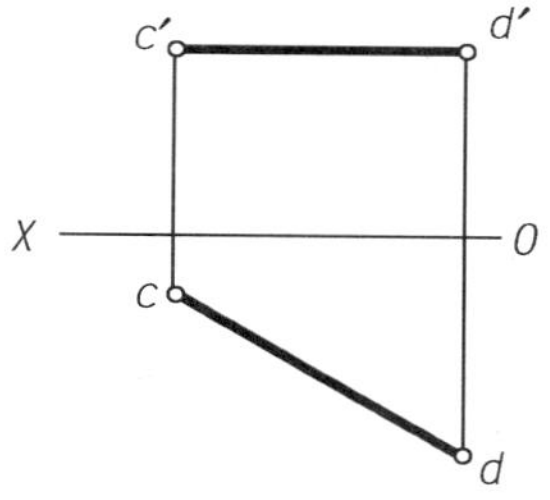

（2）

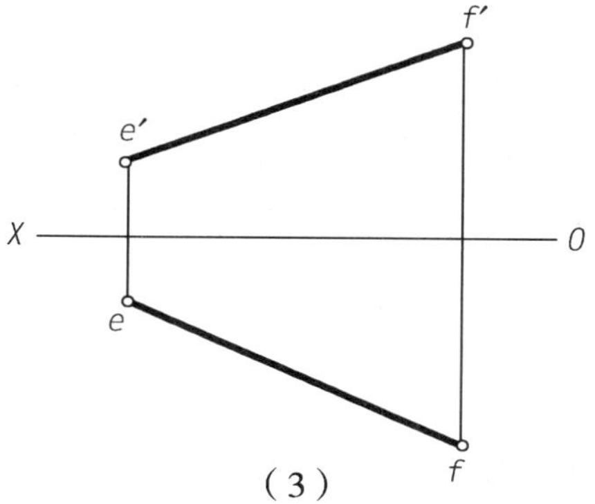

（3）

直线（二）	班级		姓名		学号		

上交作业·请沿此虚线剪切

4–5　求出线段 AB 对 H 面的倾角和线段 CD 对 V 面的倾角。

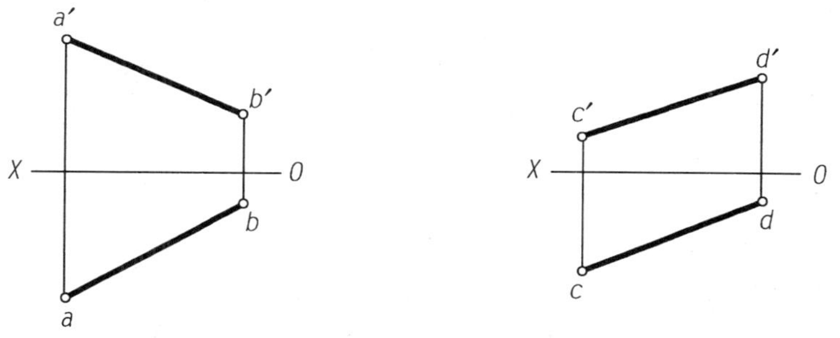

4–6　已知线段 MN 的实长 L，求 mn。

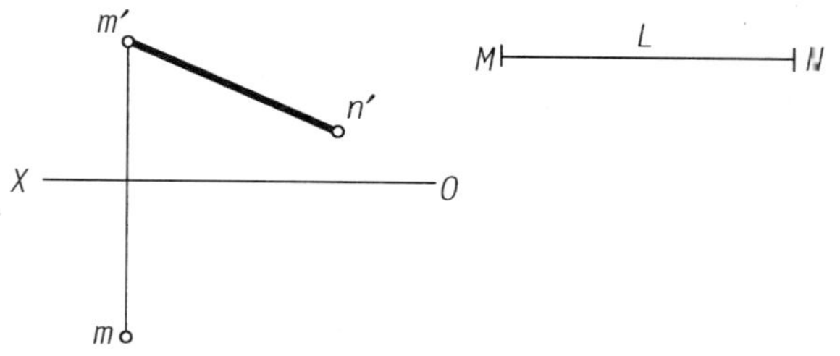

4–7　求出各线段的实长。

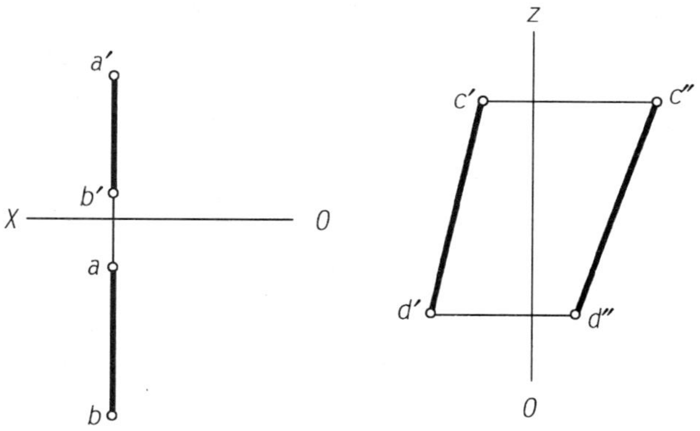

4–8　已知线段 AB 和线段 CD 与 H 面的夹角均为 30°，求 AB 的正面投影和 CD 的水平投影。共有几解？

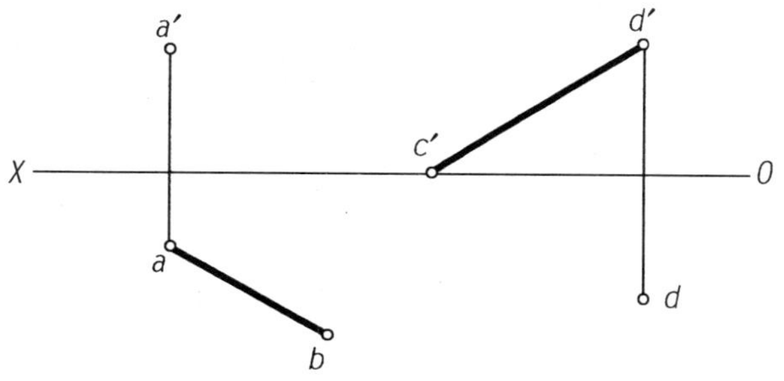

直线(三)	班级		姓名		学号		

上交作业请沿此虚线剪切

4-9 求平面四边形的实形。

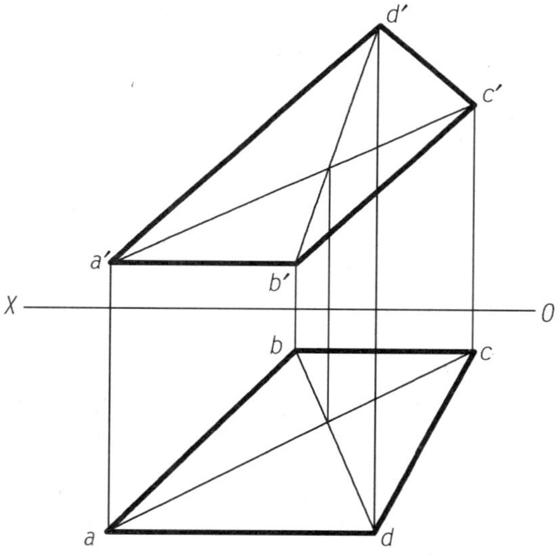

4-10 已知线段 AB 的正面和侧面投影，试定出属于 AB 线段的点 K 的投影，使 AK 等于 20mm。

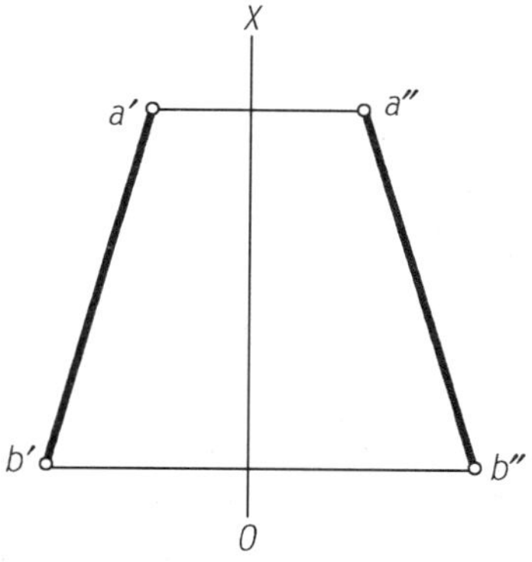

4-11 过点作一实长为 25mm 的线段 CD，使它与 H 面的夹角为 45°，与 V 面的夹角为 30°。共有几解（只画出一解）？

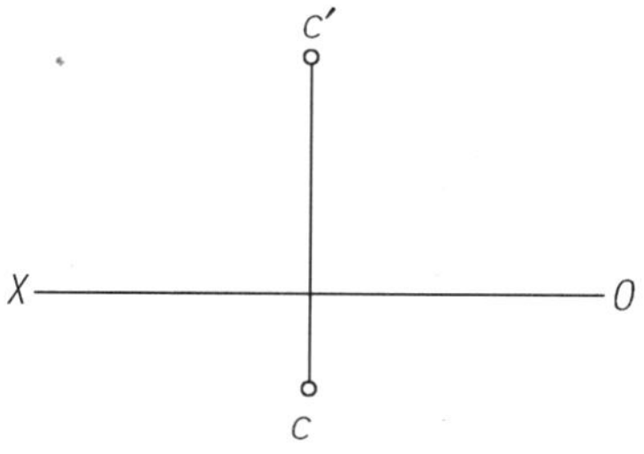

直线（四）	班级		姓名		学号		

4–12 在已知线段 AB 上求一点 C，使 $AC:CB=1:2$，并作出点 C 的投影。

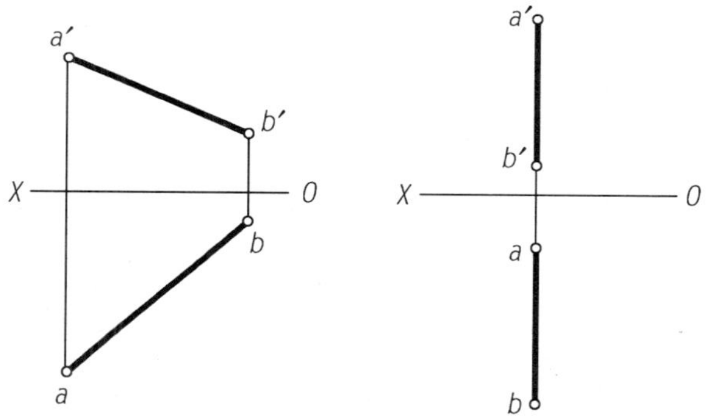

4–13 在已知线段 CD 上求一点 K，使 $CK:KD=m:n$。

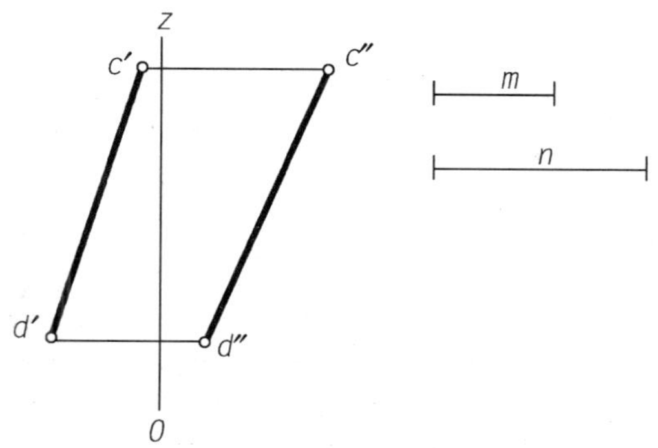

4–14 求直线 AB 与水平面的交点，并作直观图。

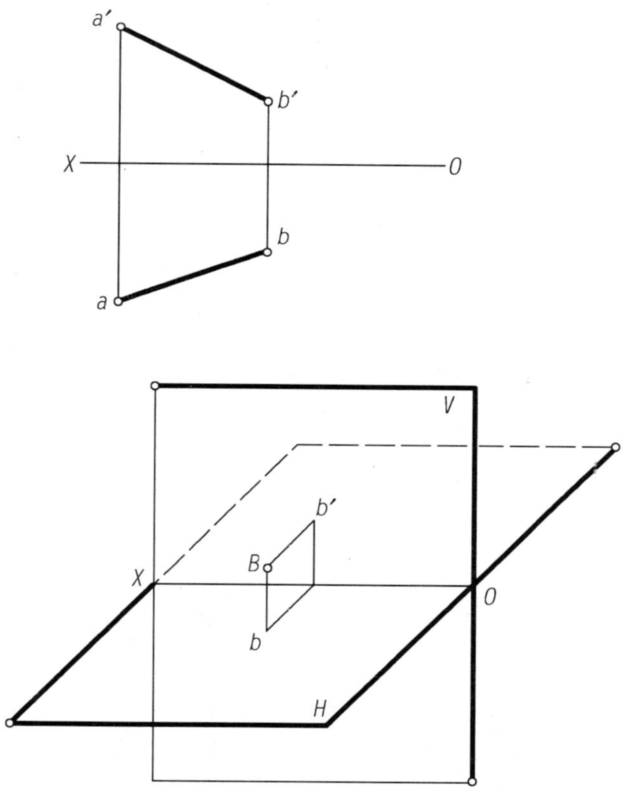

直线(五)	班级		姓名		学号		

上交作业

请沿此虚线剪切

4–15　判断下列直线与投影面的相对位置。

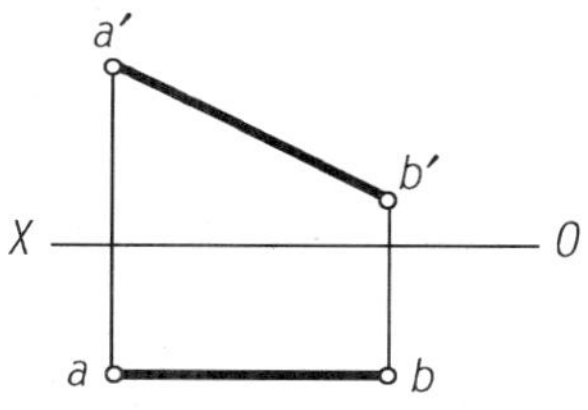

(1) ________

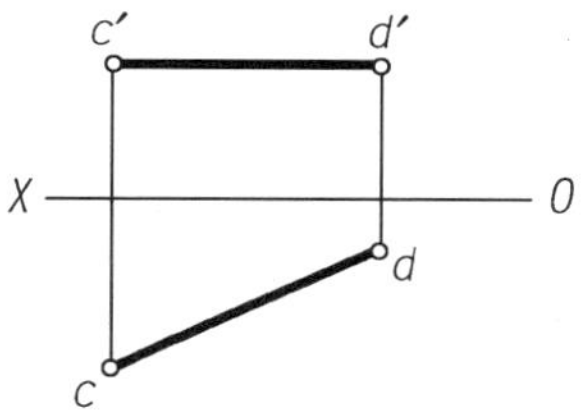

(2) ________

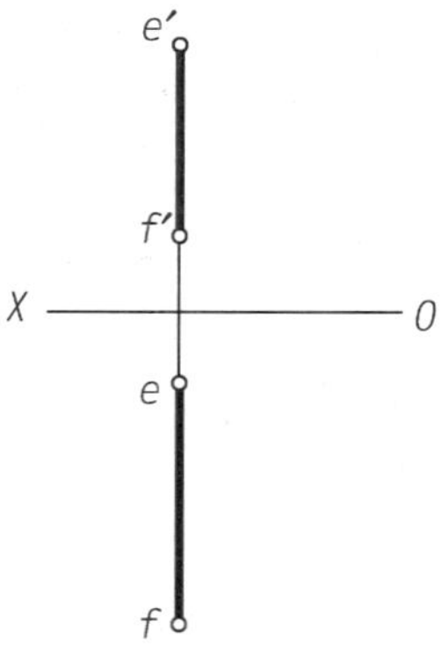

(3) ________

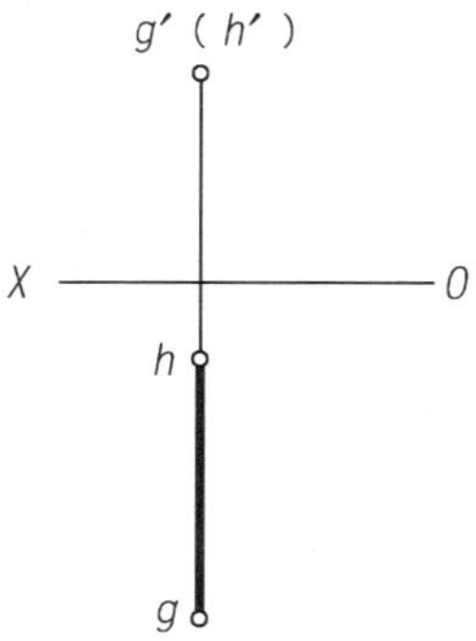

(4) ________

4–16　判别直线 *AB* 和 *CD* 的相对位置，将答案填写在指定位置。

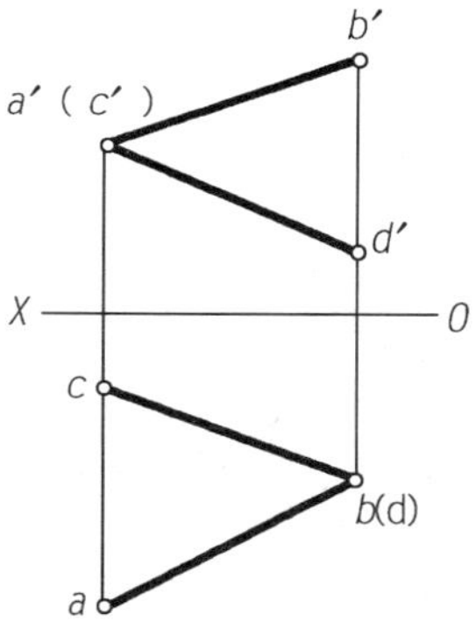

(1) ________

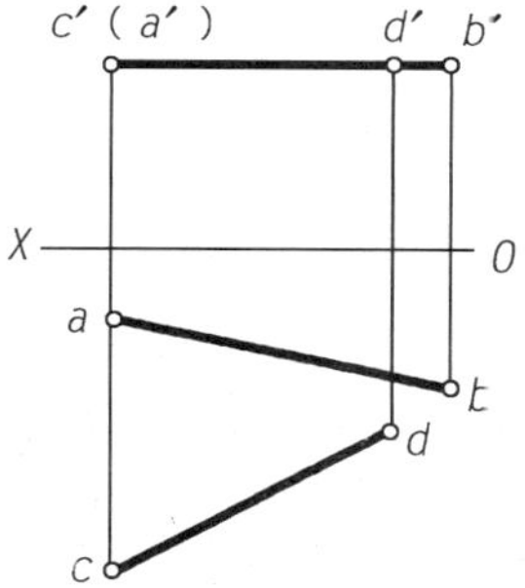

(2) ________

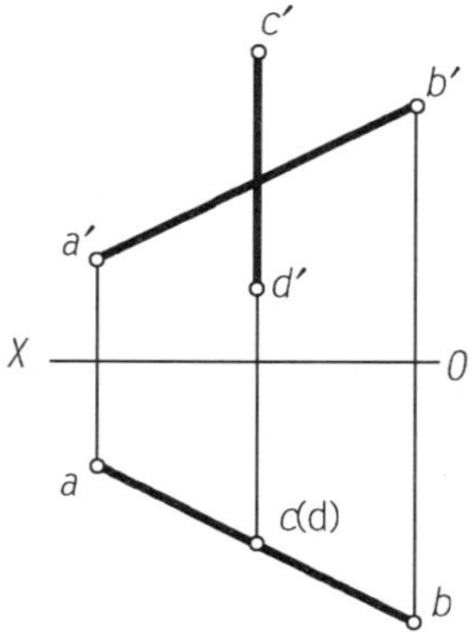

(3) ________

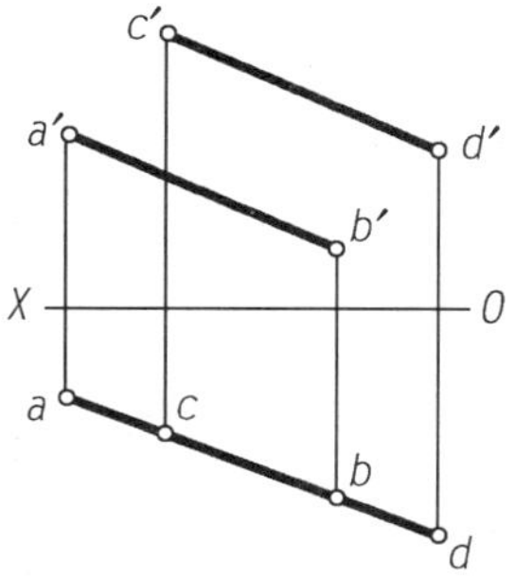

(4) ________

直线(六)	班级		姓名		学号		

4-17 作图判别直线 AB 与 CD 在空间的相对位置。

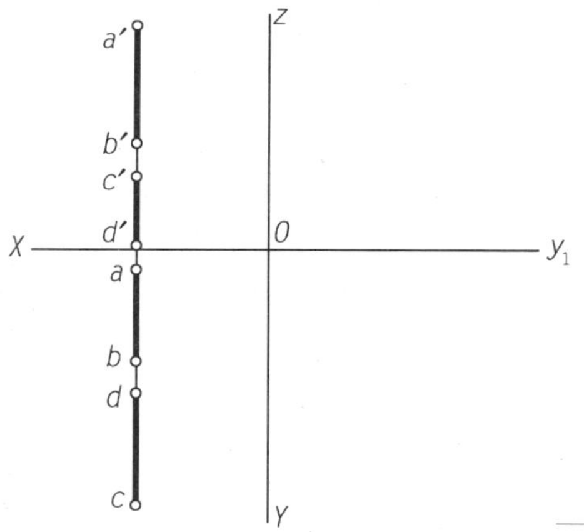

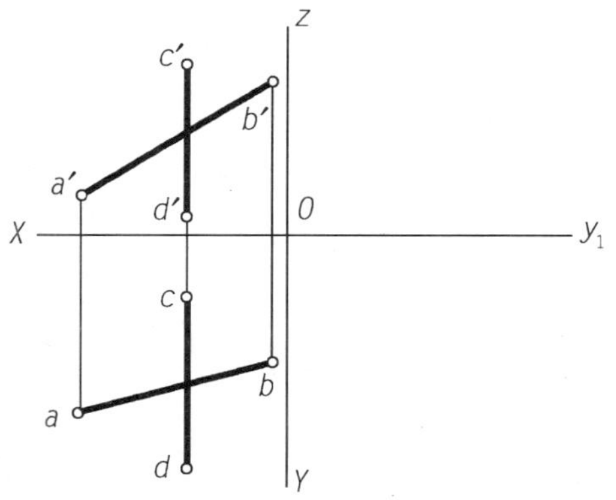

4-18 判别 AB 与 CD 两交叉直线重影点的可见性。

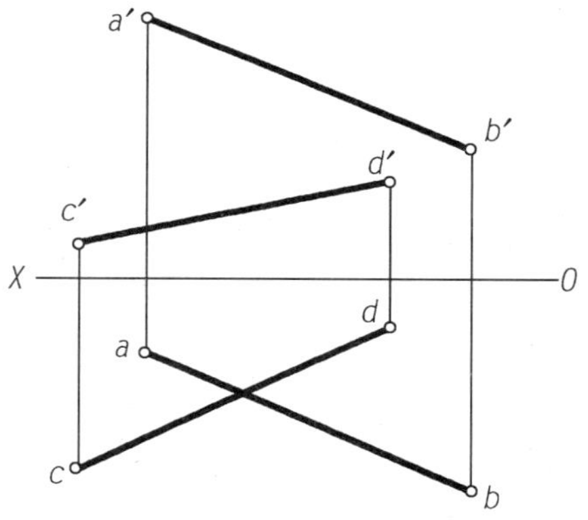

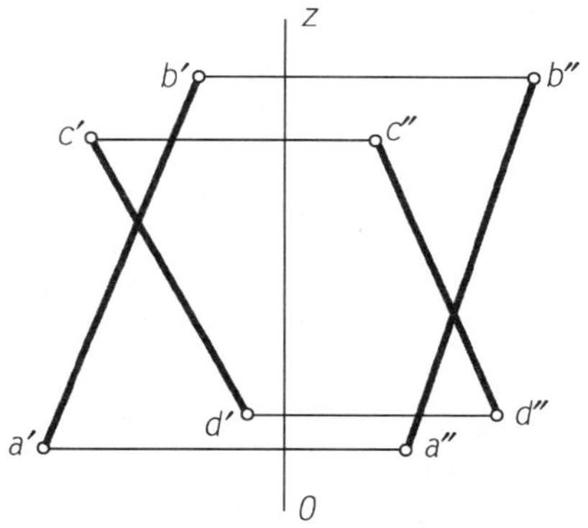

直线(七)	班级		姓名		学号		

上交作业 请沿此虚线剪切

4–19 求作一直线 *EF* 与 *AB* 平行，同时与直线 *CD* 相交于点 *K*。

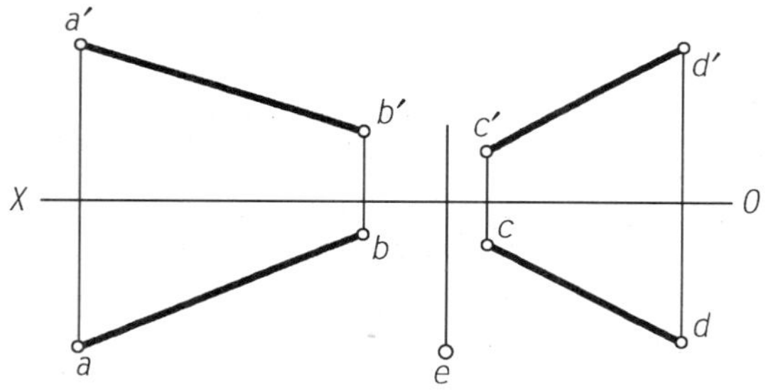

4–20 求作一水平线与交叉三直线均相交。

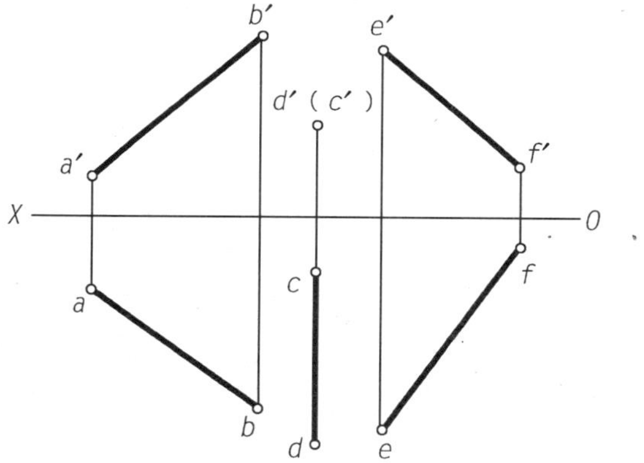

4–21 试作一直线，使它与直线 *AB* 和 *CD* 均相交，且平行于 *OZ* 轴。

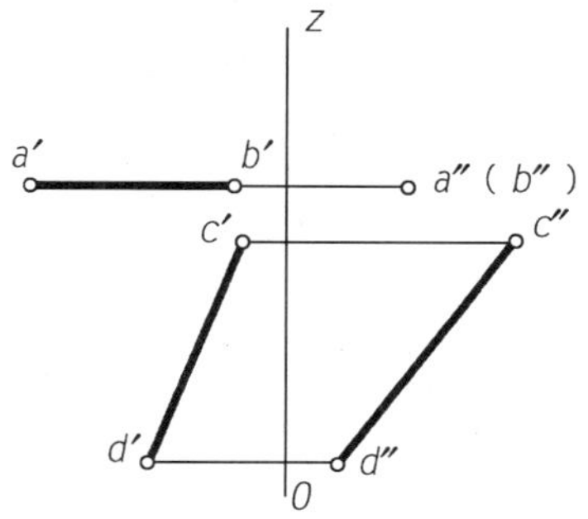

4–22 过点 *A* 作直线 *AB*，使平行于直线 *DE*；作直线 *AC* 与直线 *DE* 相交，其交点距 *H* 面为 10mm。

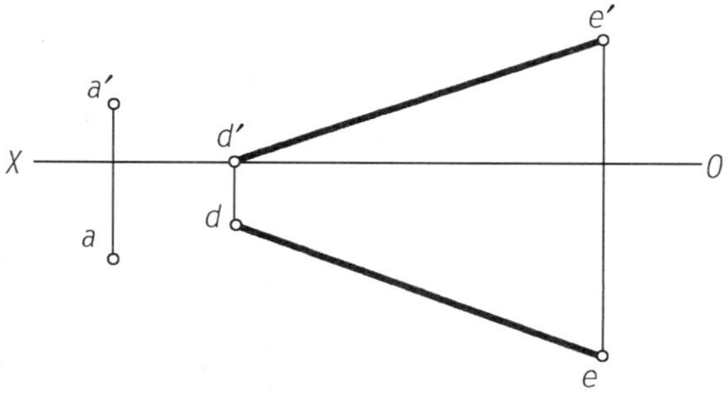

直线（八）	班级		姓名		学号		

上交作业 请沿此虚线剪切

4–23 作直线 *AB* 与 *CD* 正交。

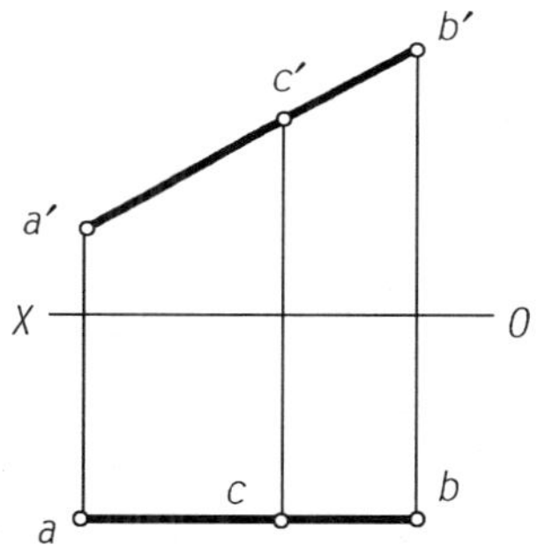

(1)

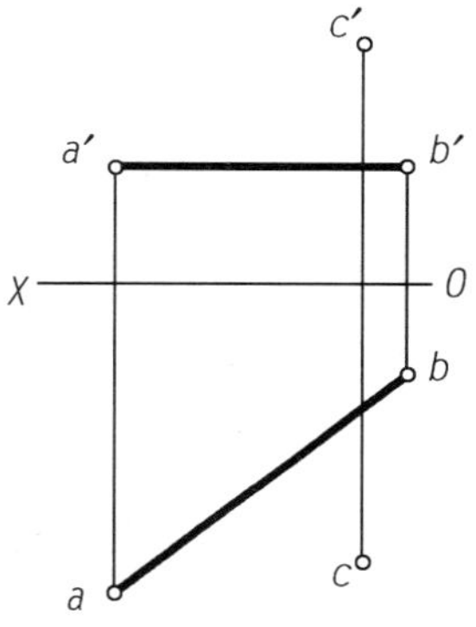

(2)

4–24 已知直线 *AB* 与 *CD* 正交,求作 *c′*、*d′*。

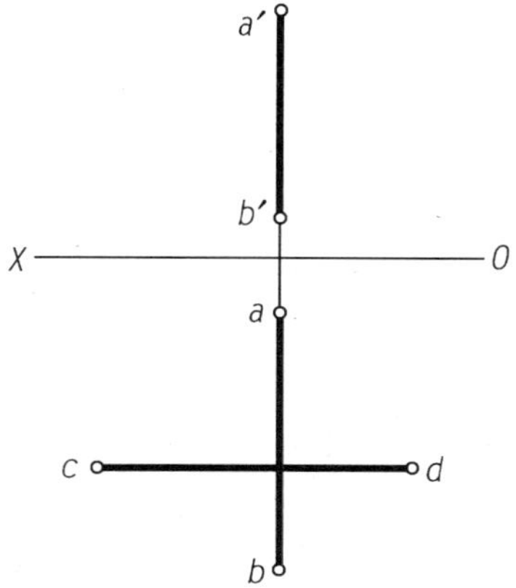

4–25 *RT*Δ*ABC* 中,*AB*=*BC*,顶点 *B* 在直线 *NC* 上,求其两面投影。

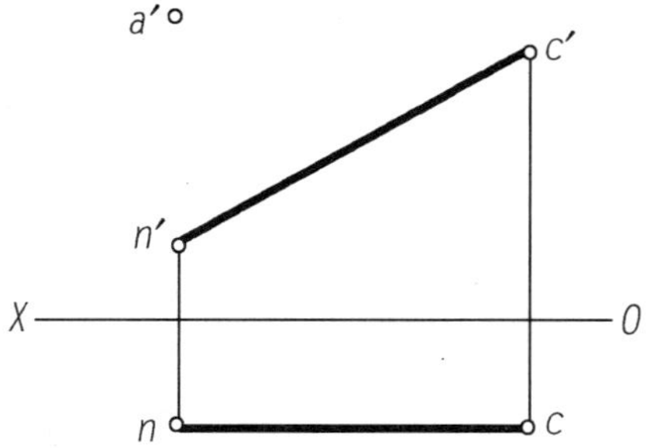

4–26 已知矩形 *ABCD* 完成其水平投影。

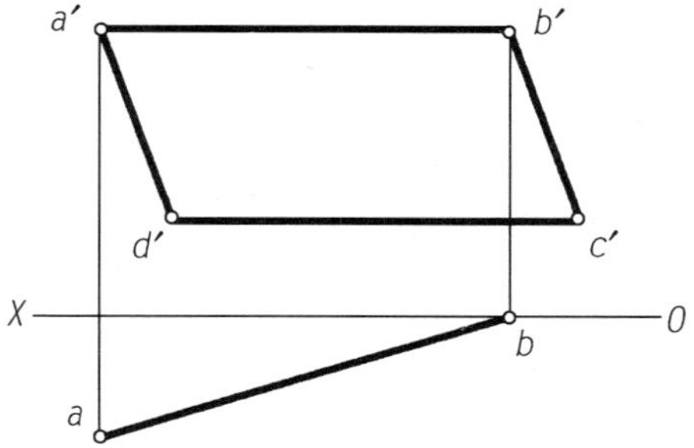

直线(九)	班级		姓名		学号	

4-27　求作直线 AB 与 CD 间的距离。

（1）

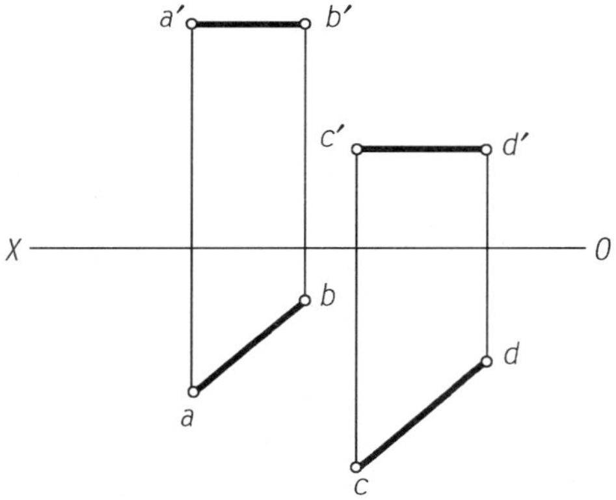

（2）

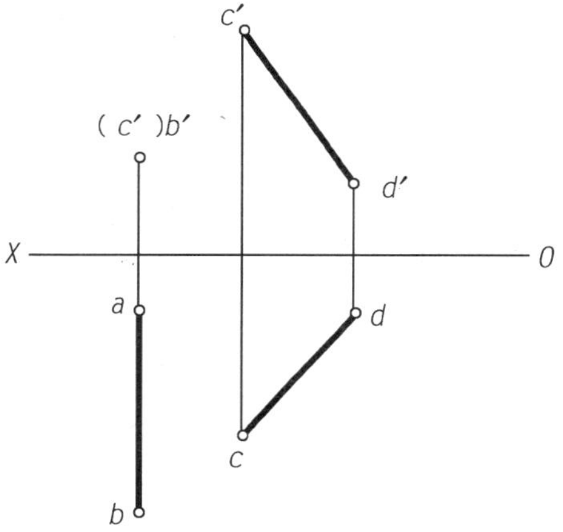

4-28　图中 AC 为菱形 $ABCD$ 的对角线，完成菱形的两面投影。

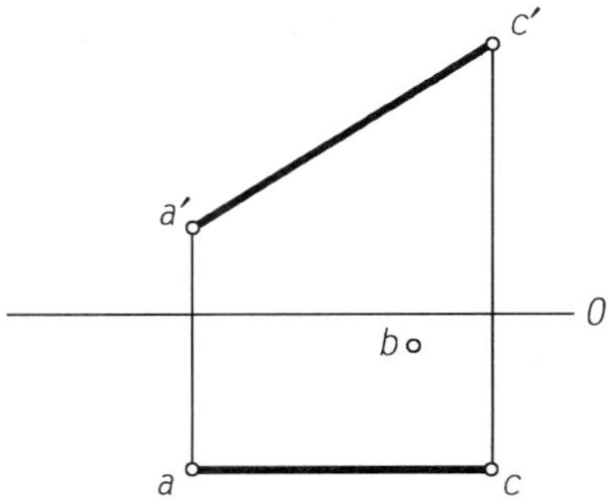

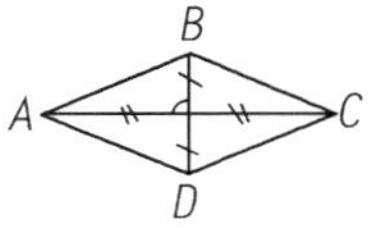

4-29　作等边 ΔABC，顶点为 A，BC 在直线 EF 上（提示：先求出高实长再求边实长）。

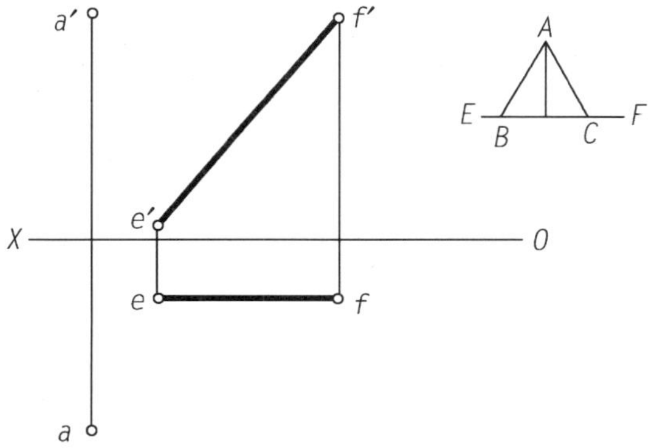

直线（十）	班级		姓名		学号		

上交作业 请沿此虚线剪切

5-1　求平面的第三投影和平面上点的投影。

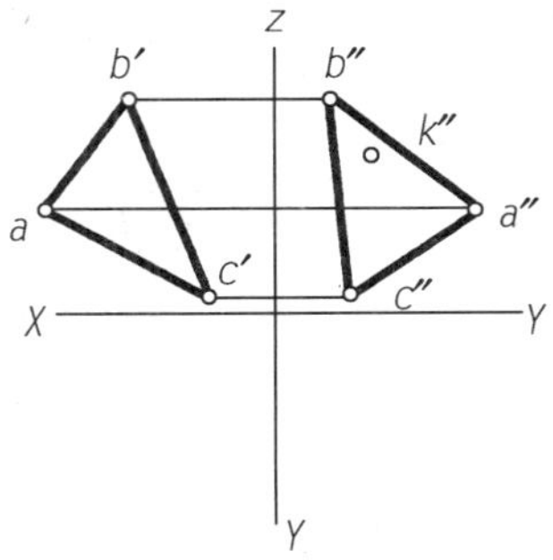

(1)

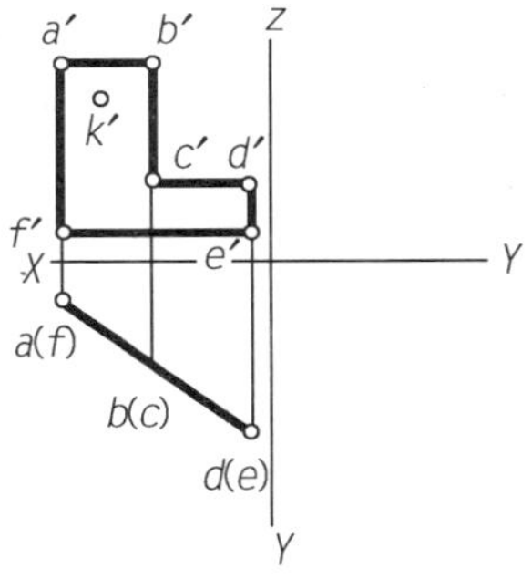

(2)

5-2　已知平面 *BC*、*DE* 上点 *A* 的一投影画出另一投影。

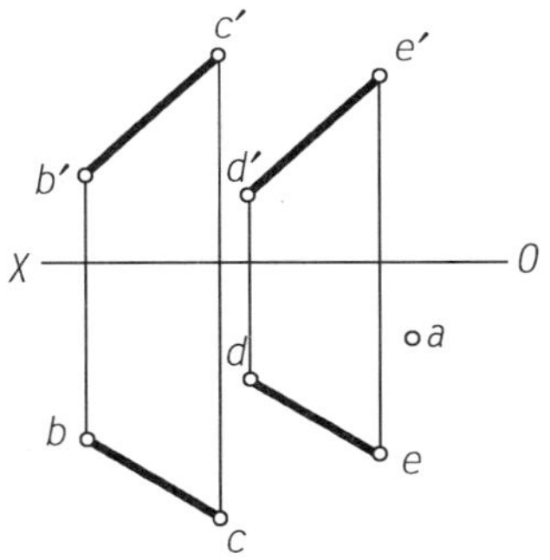

5-3　已知平面 *CDE* 上直线 *AB* 的一投影画出另一投影。

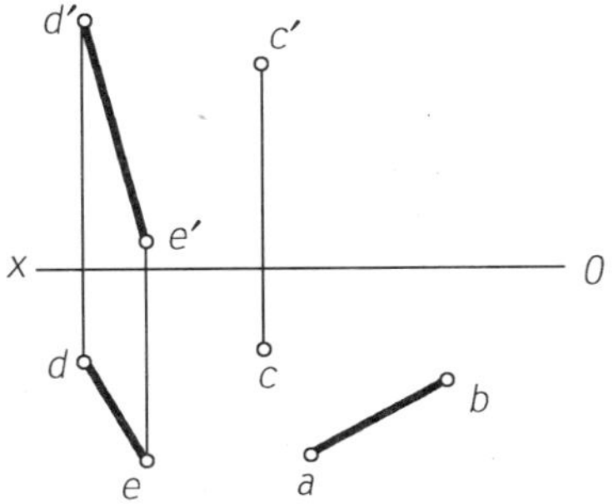

5-4　判断点 *A* 或直线 *AB* 是否在给定的平面上。

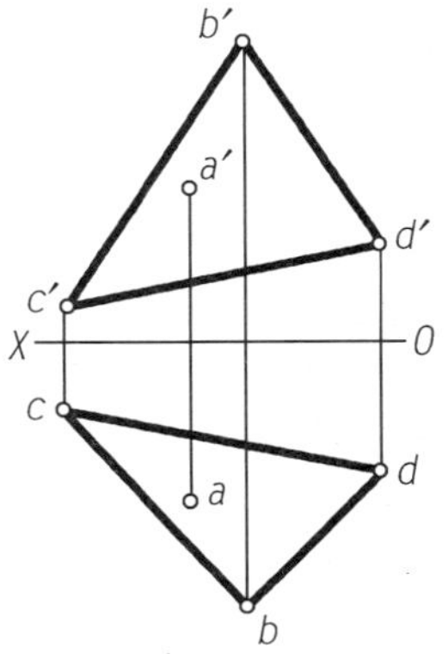

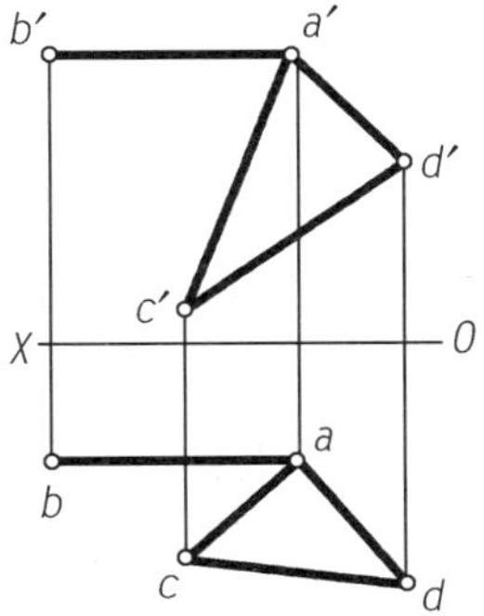

平面(一)	班级		姓名		学号		

上交作业 请沿此虚线剪切

5-5　求作平行四边形 $ABCD$ 的水平投影。

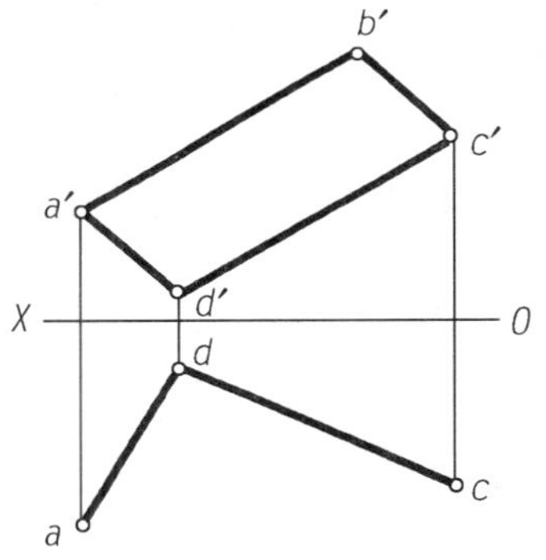

5-6　求作五边形 $ABCDE$ 平面的正面投影。

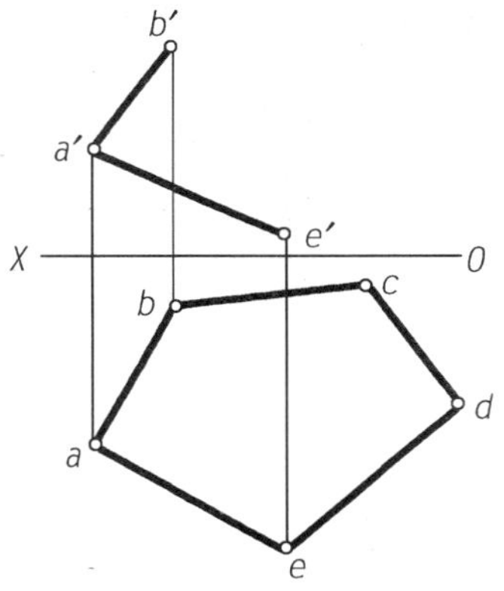

5-7　求面 ABC 内一水平线，该线在 H 面上方 10mm；另作面内正平线，该线在 V 面前 15mm。

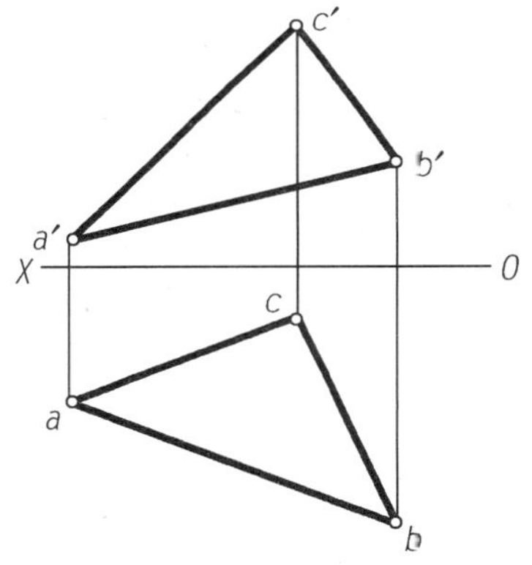

5-8　求相交两直线 AB 和 BC 给定平面对 H 面的夹角 α；求 ΔDEF 平面对 V 面的夹角 β。

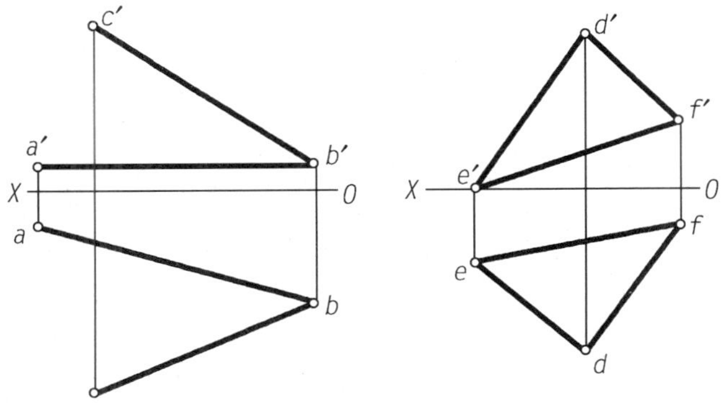

5-9　已知线段 AB 是属于平面 P 的一条正平线，且 P 与 V 面的夹角为 45°，完成平面 P 的投影。

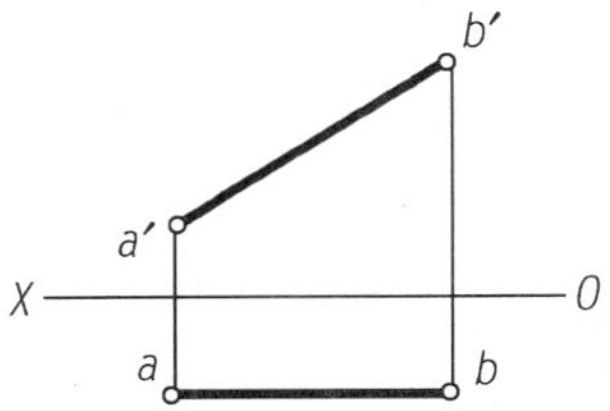

平面(二)	班级		姓名		学号		

六、线与面、面与面的相对位置

6-1 过点 A 作直线 AB 平行于已知平面。

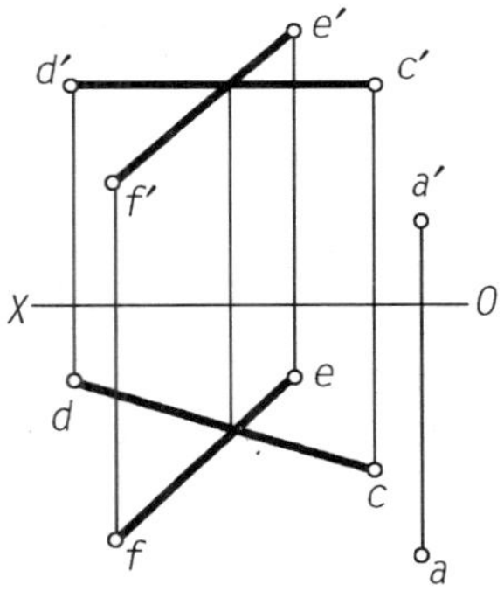

(1)

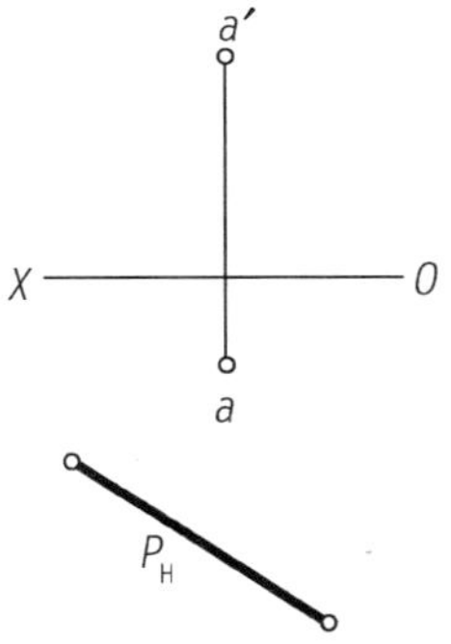

(2)

6-2 过点 A 作平面平行于已知平面。

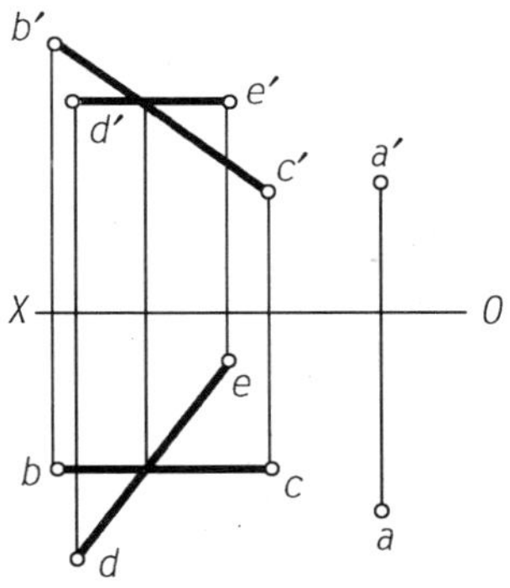

(1)

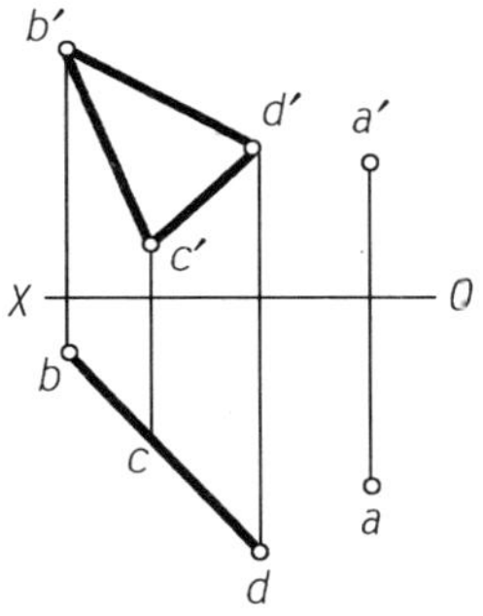

(2)

6-3 包含直线 AB 作平面平行于已知线段 CD，过点 E 作铅垂面平行于已知线段 CD。

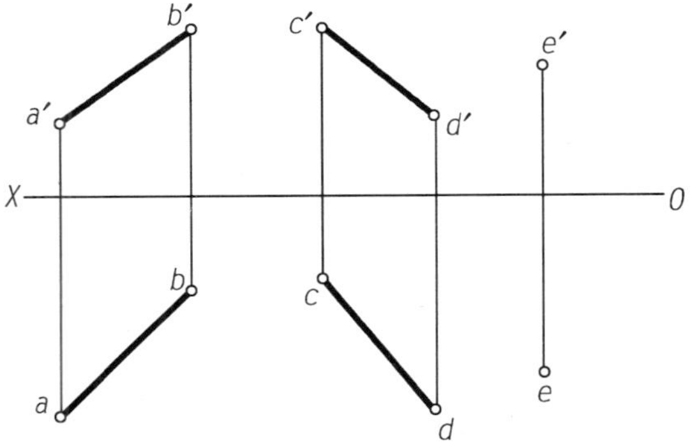

6-4 已知线段 AB=24mm，B 点在 A 点之上，且线段 AB 平行于 ΔCDE，完成线段 AB 与平面 ΔCDE 的正面投影。

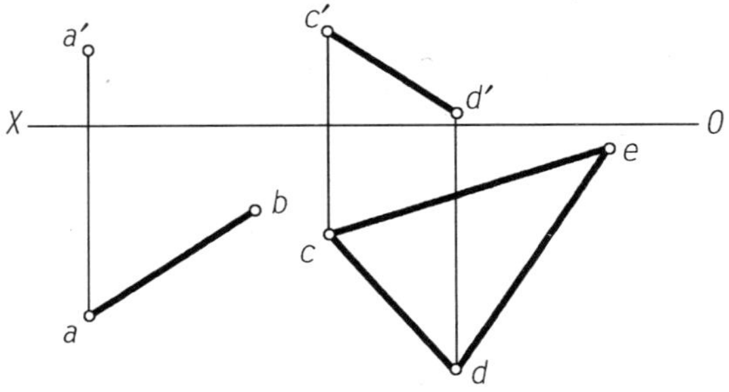

线与面、面与面的相对位置(一)	班级		姓名		学号		

上交作业 请沿此虚线剪切

6–5　求作直线 AB 与平面的交点 K，并判别可见性。

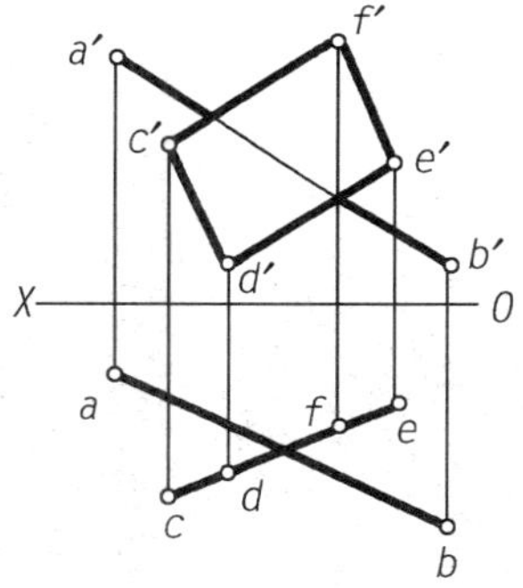

（1）

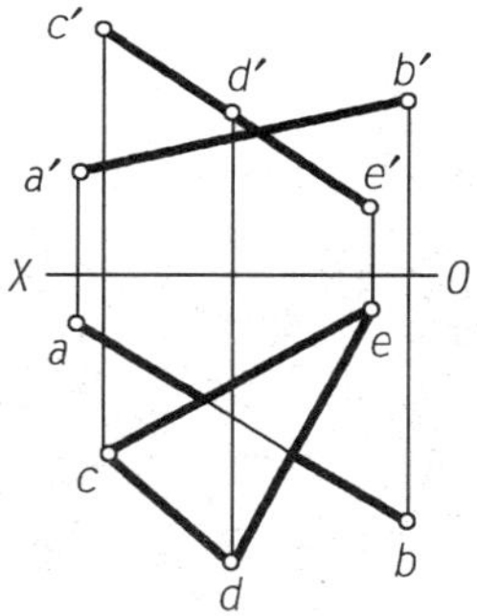

（2）

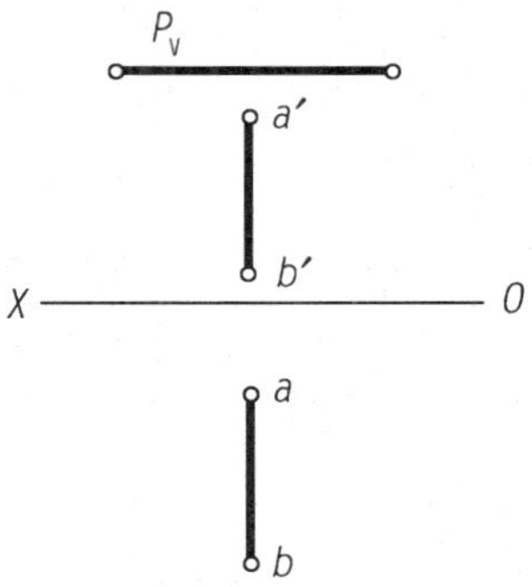

（3）

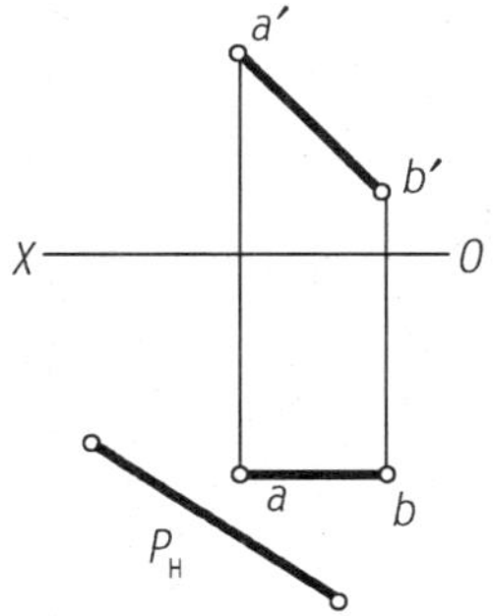

（4）

6–6　求作两平面交线 KL，并判别可见性。

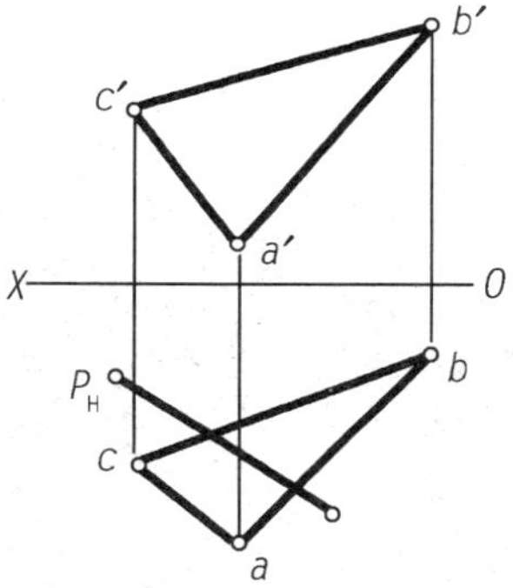

（1）

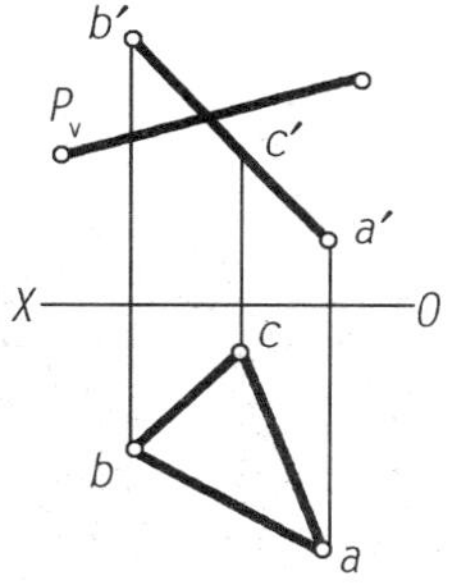

（2）

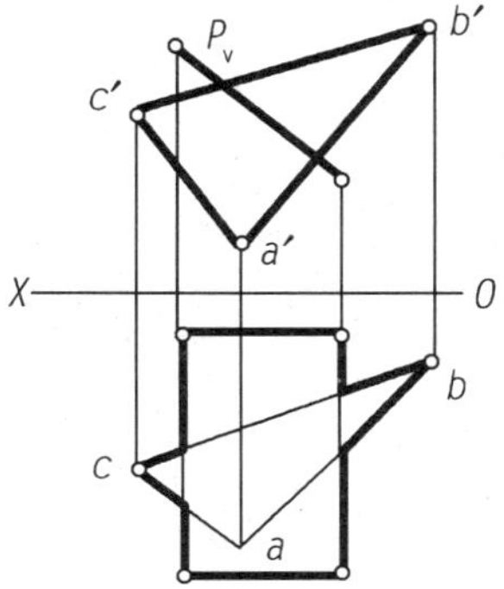

（3）

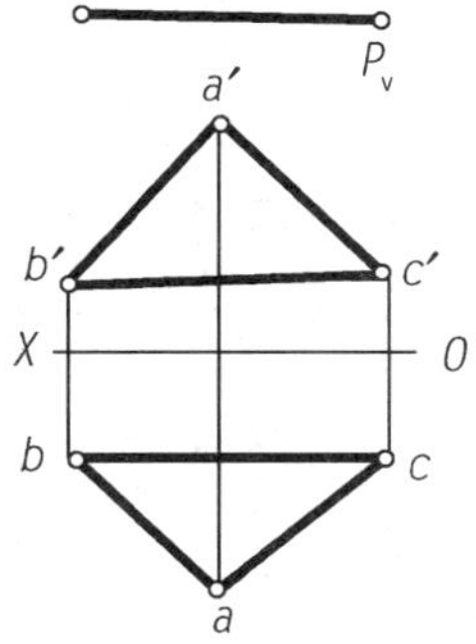

（4）

线与面、面与面的相对位置(二)	班级		姓名		学号		

上交作业·请沿此虚线剪切

6-7　求直线与平面的交点 K，并判别可见性。

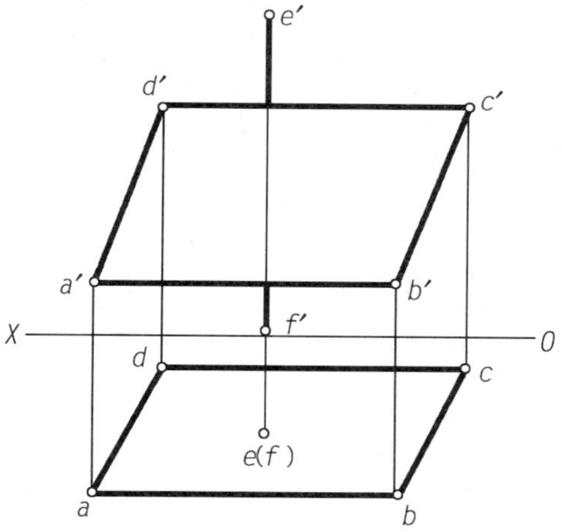

（1）

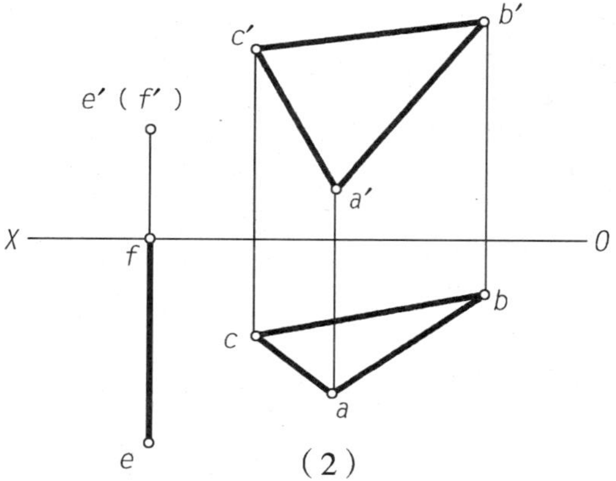

（2）

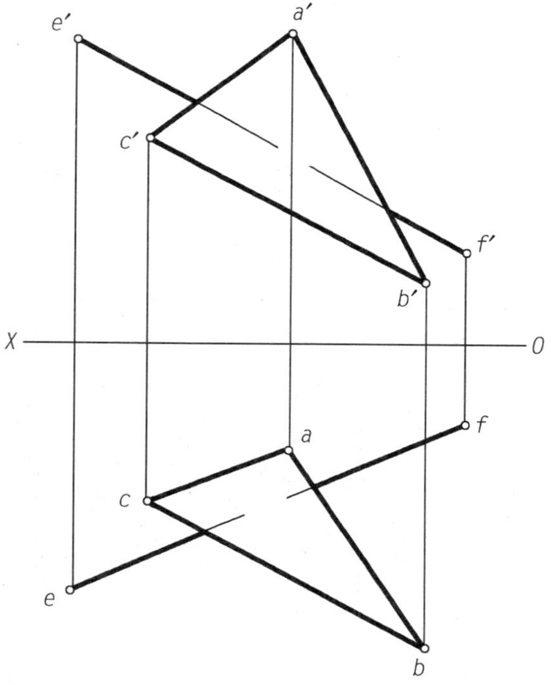

（3）

线与面、面与面的相对位置(三)	班级		姓名		学号	

上交作业……请沿此虚线剪切

6-8　过点 K 作平面的法线，并求垂足 L。

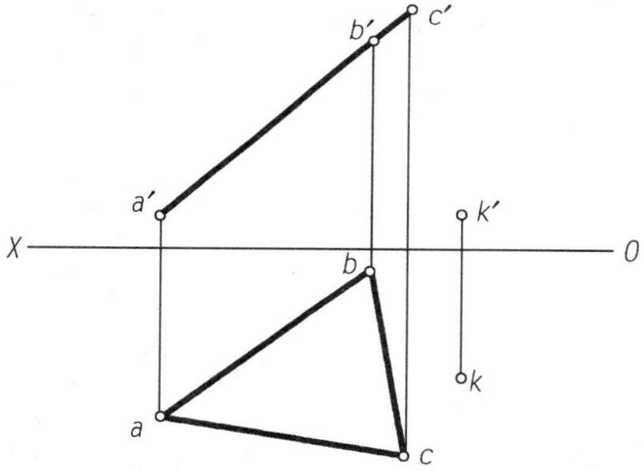

（1）

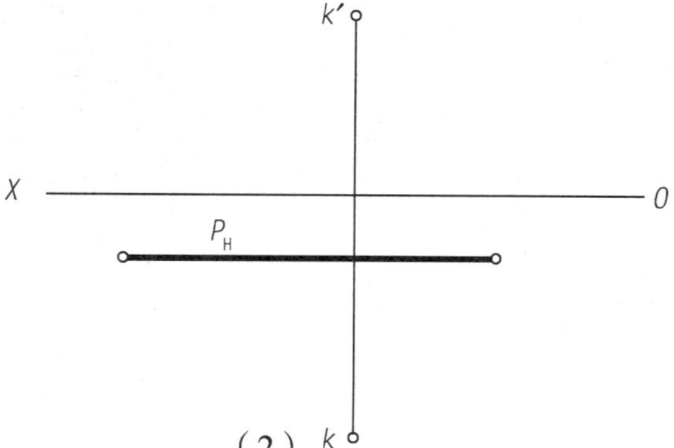

（2）

6-9　包含直线 AB 作平面垂直于平面 ΔDEF。

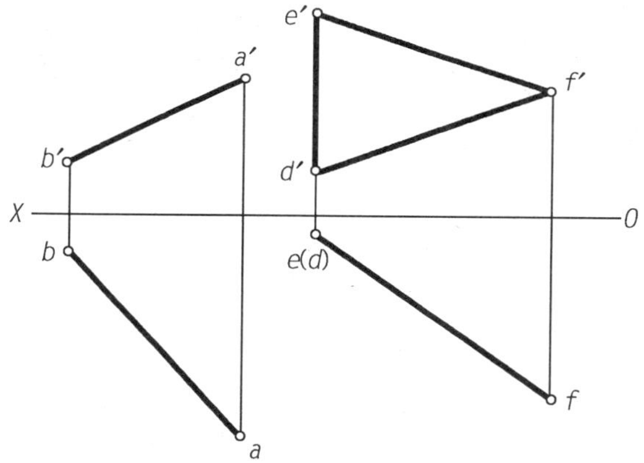

（1）

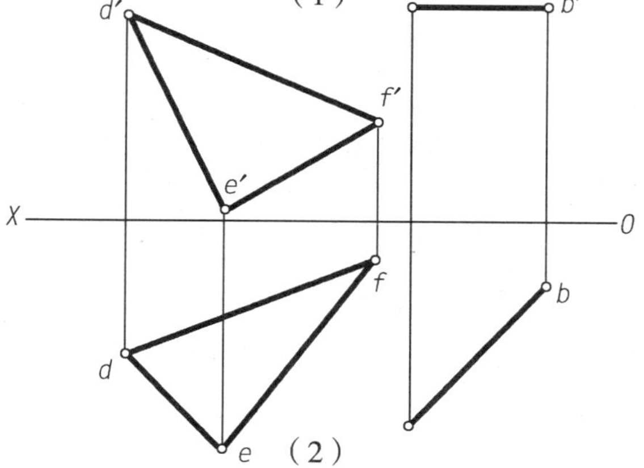

（2）

线与面、面与面的相对位置(四)	班级		姓名		学号	

上交作业 请沿此虚线剪切

6–10　过点 A 作平面垂直于 ΔDEF，并平行于直线 MN。

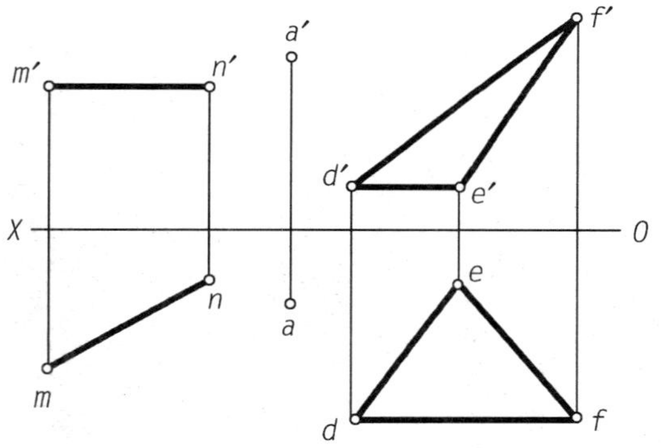

6–11　作一直线 MN 与直线 CD、EF 均相交，并平行于直线 AB。

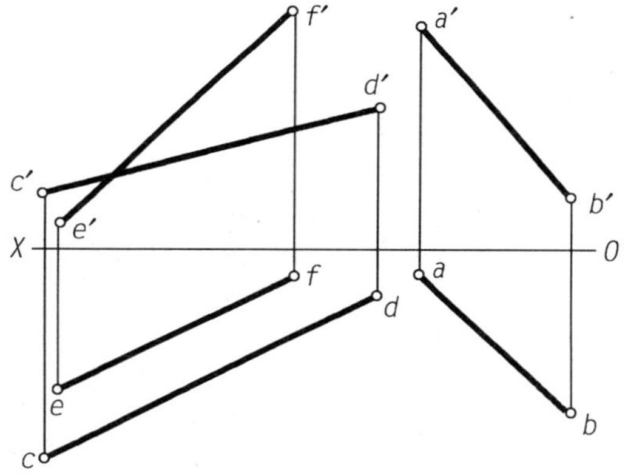

6–12　线段 AB、CD 正交，完成线段 CD 的水平投影。

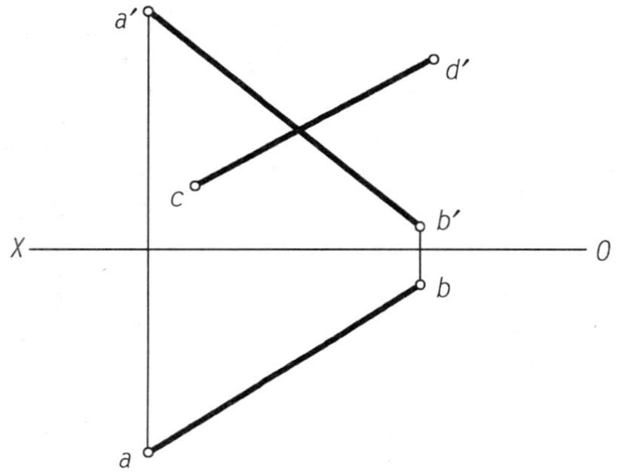

6–13　过点 A 作直线 AB 与直线 CD、EF 相交。

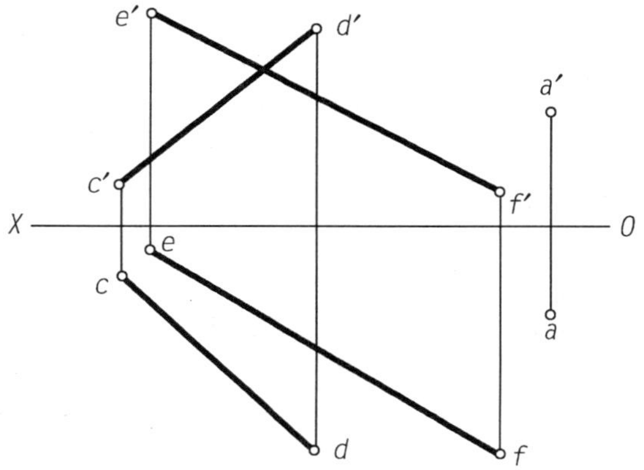

线与面、面与面的相对位置(五)	班级		姓名		学号		

上交作业……请沿此虚线剪切

6–14　已知直线 KL 与 ΔABC 共面，并平行于 AB，且已知 KL=20mm，完成 KL 的二面投影。

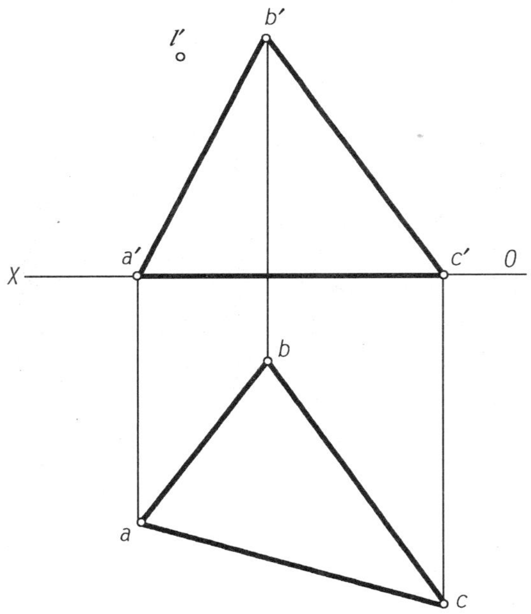

6–15　过点 A 作 $\Delta ABC /\!/ \Delta DEF$，求两平面的距离 L。

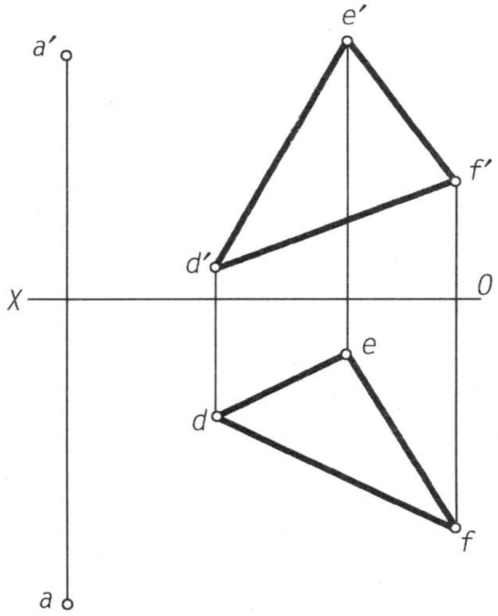

线与面、面与面的相对位置(六)	班级		姓名		学号		

七、变换投影面法

7-1 已知点 K 到平面 ΔABC 的距离为 15mm，求作点 K 的投影。	7-2 在直角 ΔABC 中 AB 垂直 AC，完成 ΔABC 的两面投影。
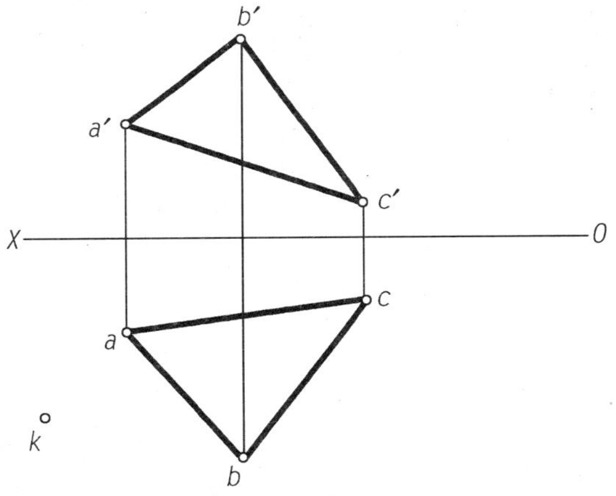	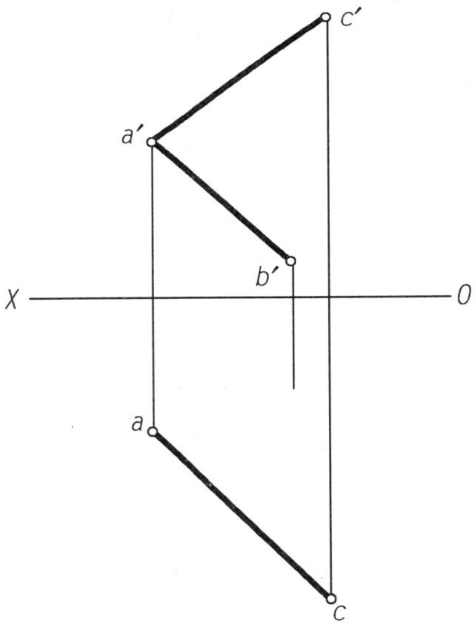

变换投影面法(一)	班级		姓名		学号		

上交作业·请沿此虚线剪切

7–3　已知 AB 垂直平面 CDE，A 到平面的距离为 35mm，完成该面的投影。

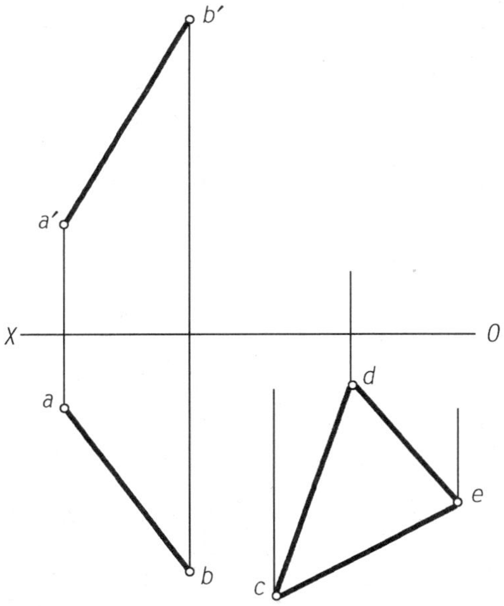

7–4　已知 AB 为等腰 ΔABC 的底，完成该面的投影。

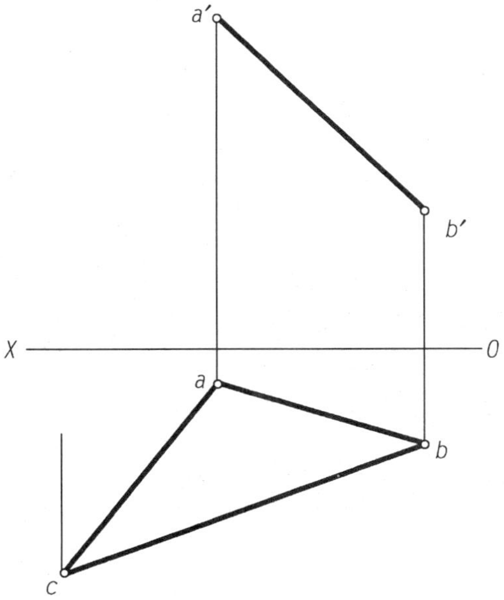

变换投影面法(二)	班级		姓名		学号		

上交作业 请沿此虚线剪切

7–5　已知等腰 ΔABC 的底在 BE 线上，完成该平面的投影。

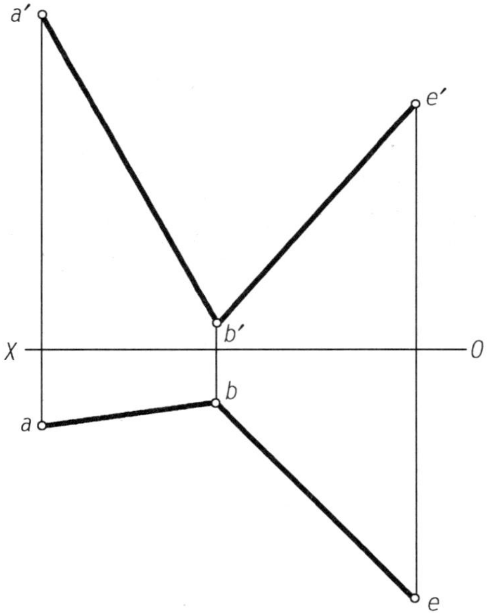

7–6　已知正方形 ABCD 的 BC 边在 MN 线上，完成该平面的投影。

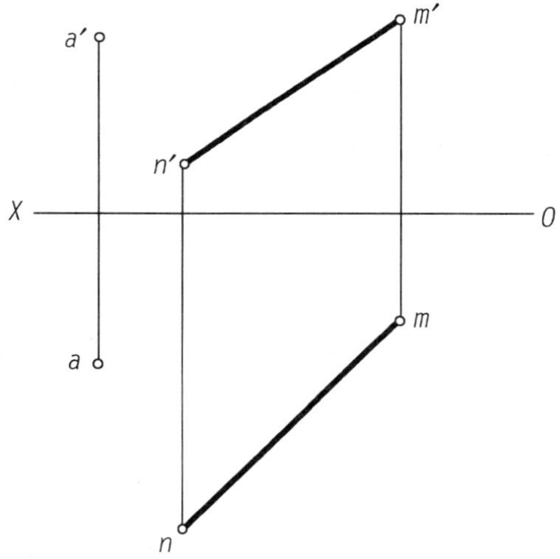

变换投影面法(三)	班级		姓名		学号		

上交作业·请沿此虚线剪切

7-7 用换面法求线段 AB 的实长和与 V、H 面夹角 α、β 的真实大小。

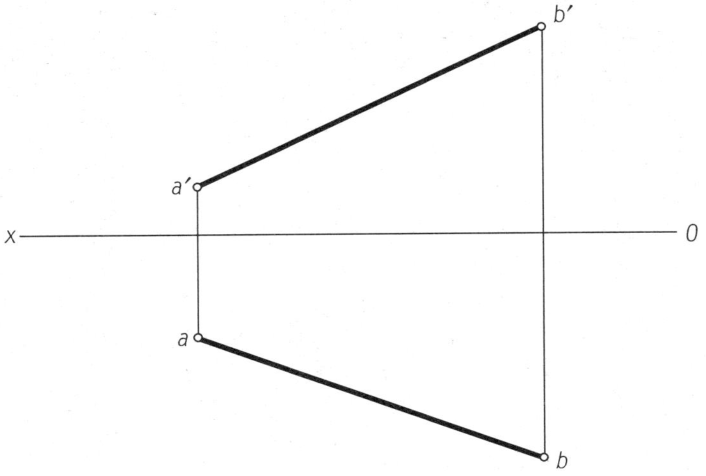

7-8 已知线段 AB 的实长，用换面法求其 V 面投影，画出所有解。

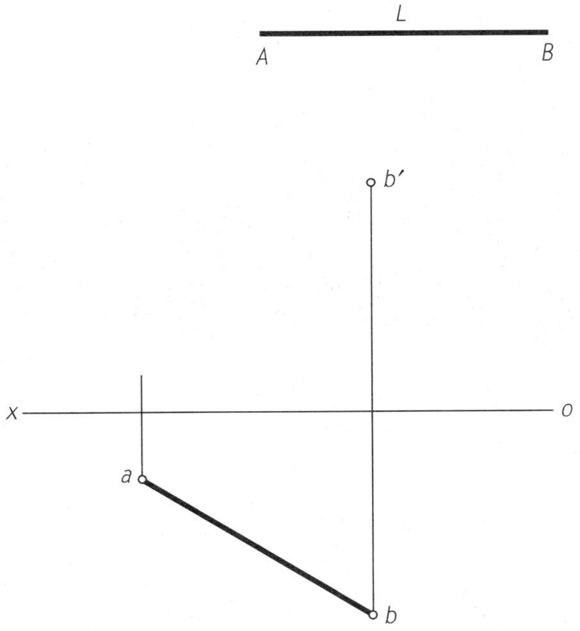

变换投影面法(四)	班级		姓名		学号		

上交作业 请沿此虚线剪切

7–9 求 ΔABC 的 $\angle C$ 的真实大小。

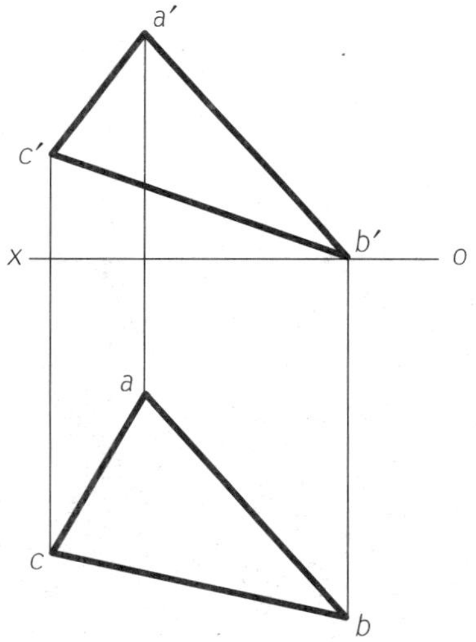

7–10 已知 $\angle ABC$ 为 45°，完成平面的投影。

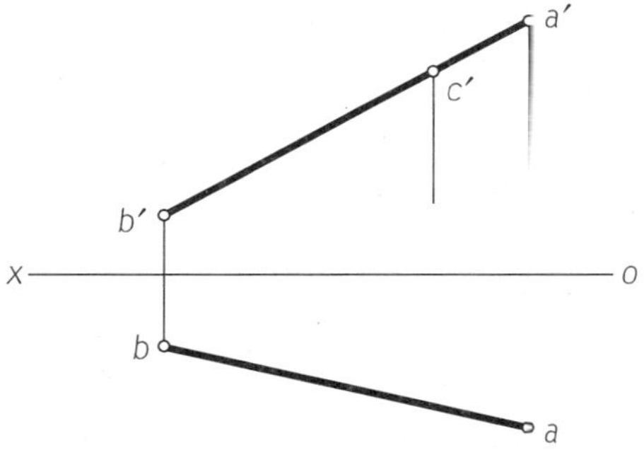

变换投影面法(五)	班级		姓名		学号		

上交作业——请沿此虚线剪切

8-1 已知圆柱面上动点 A 的二投影,作导程为 H 的左旋螺旋线,并判别可见性。

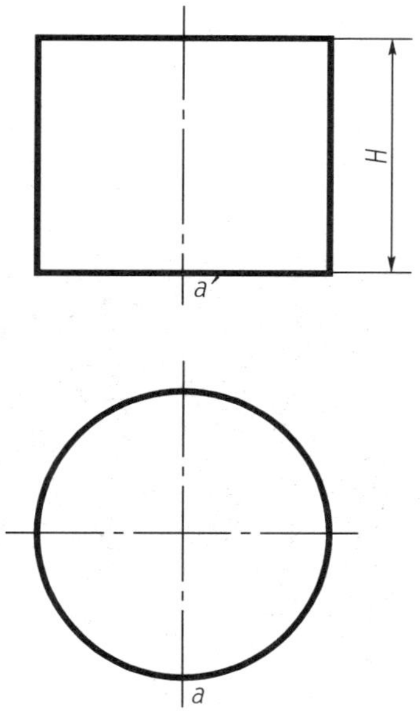

曲线与曲面	班级		姓名		学号		

9–1　画出正五棱柱表面上各点及线的另二面投影。

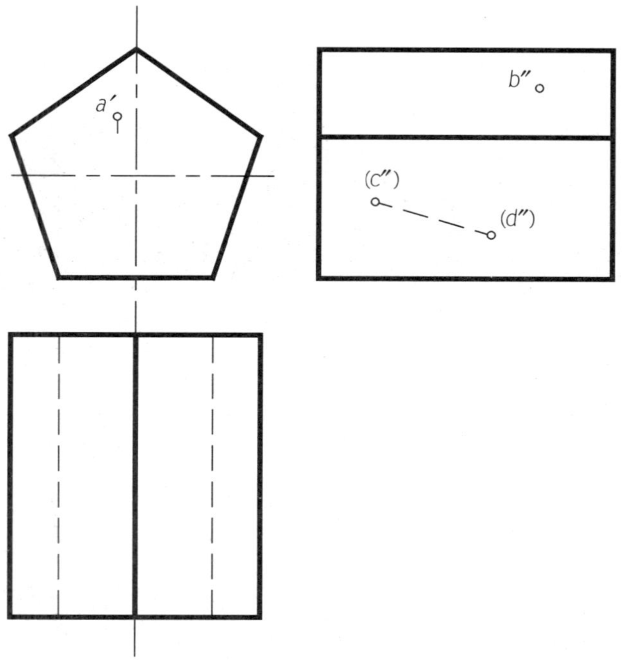

9–2　画出正六棱柱的 *W* 面投影及其表面上各线段的另二面投影。

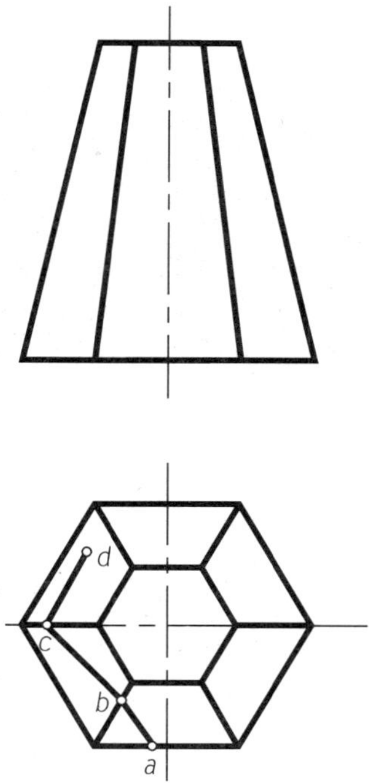

基本立体及其截交线(一)	班级		姓名		学号		

上交作业 请沿此虚线剪切

上交作业·请沿此虚线剪切

9-3 作出圆柱表面上各点的另二投影。

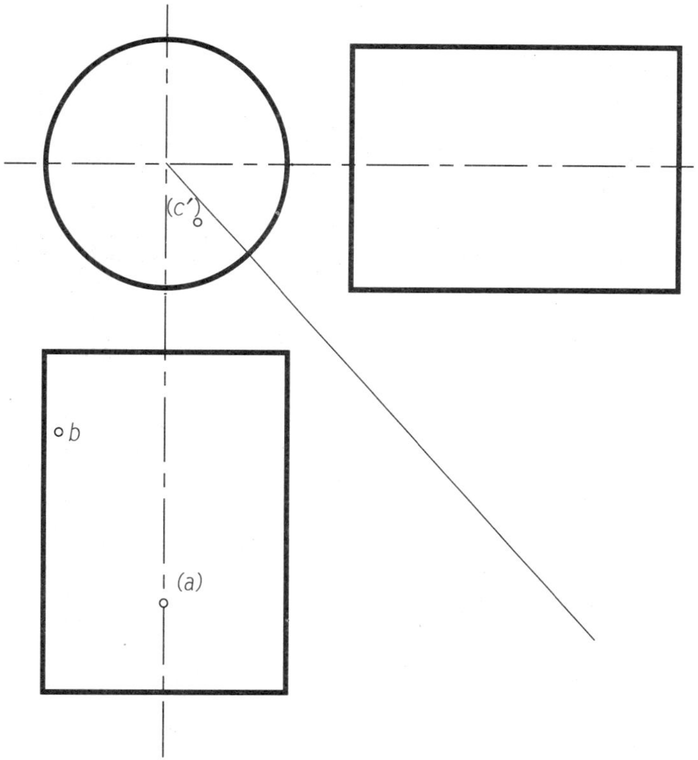

9-4 画出圆柱的 *W* 面投影及其表面上各线段的另二投影。

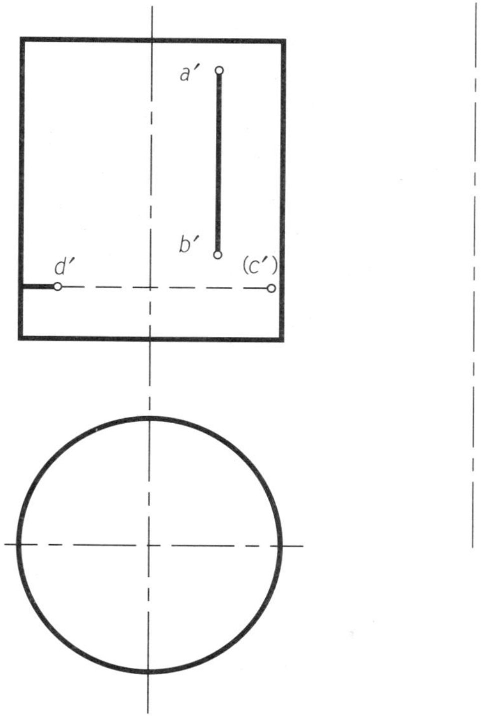

基本立体及其截交线(二)	班级		姓名		学号		

上交作业请沿此虚线剪切

9–5 已知圆柱表面各转向线 EE_1、FF_1、GG_1、MM_1 的投影，求作其表面曲线 ABC 的另二投影。

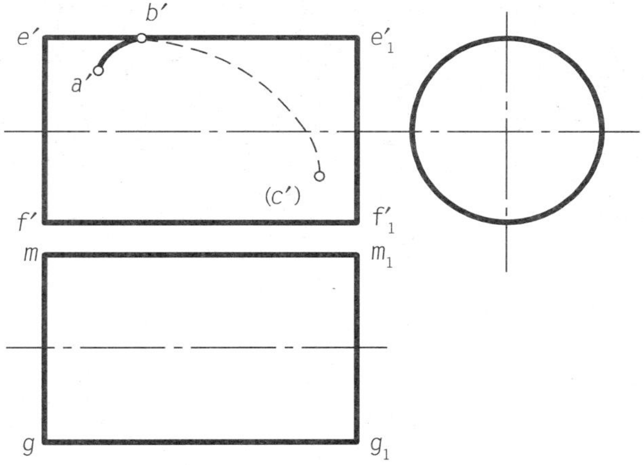

9–6 求作圆锥表面上的点 A、B、C、D 的另二投影。

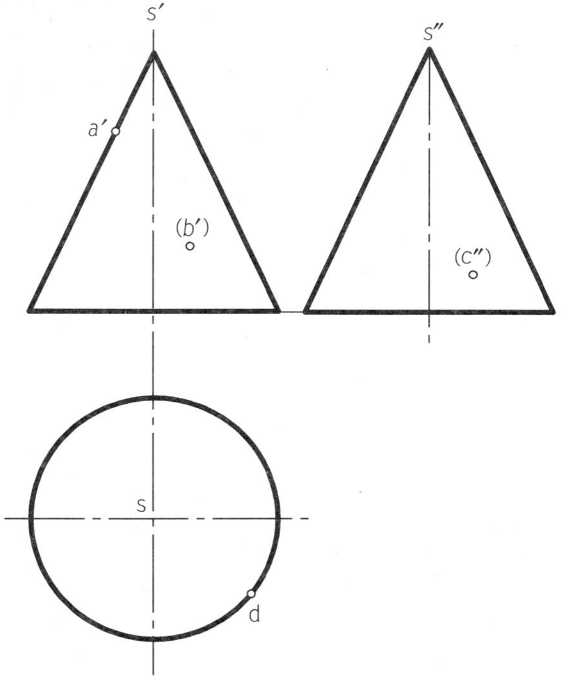

9–7 已知半圆柱的投影，求其表面上曲线 ABC 的另二投影。

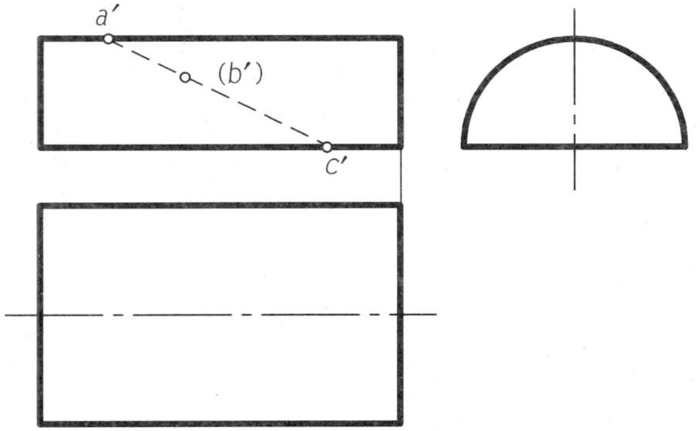

上交作业 请沿此虚线剪切

9–8 画出圆锥的 V 面投影，并判断其表面上曲线 BC、SB 的性质以及求它们的另二面投影。

SB 是（________）BC 是（________）

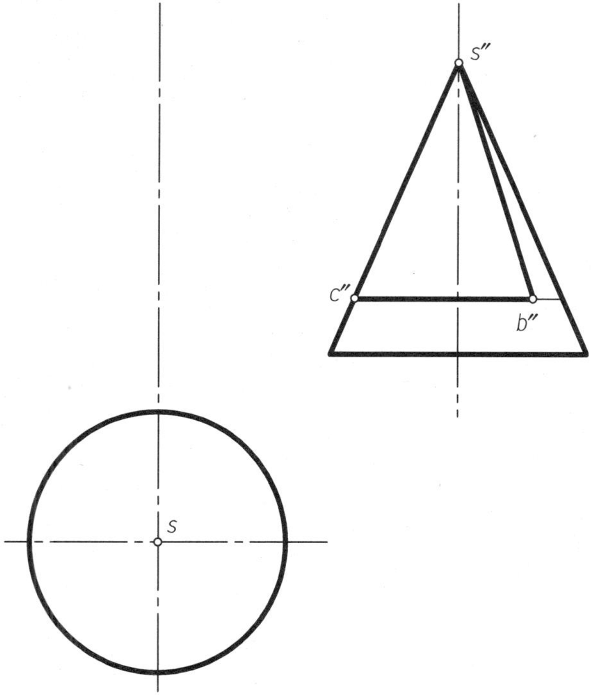

9–9 求作圆锥表面上的曲线 ABC 的另二投影。

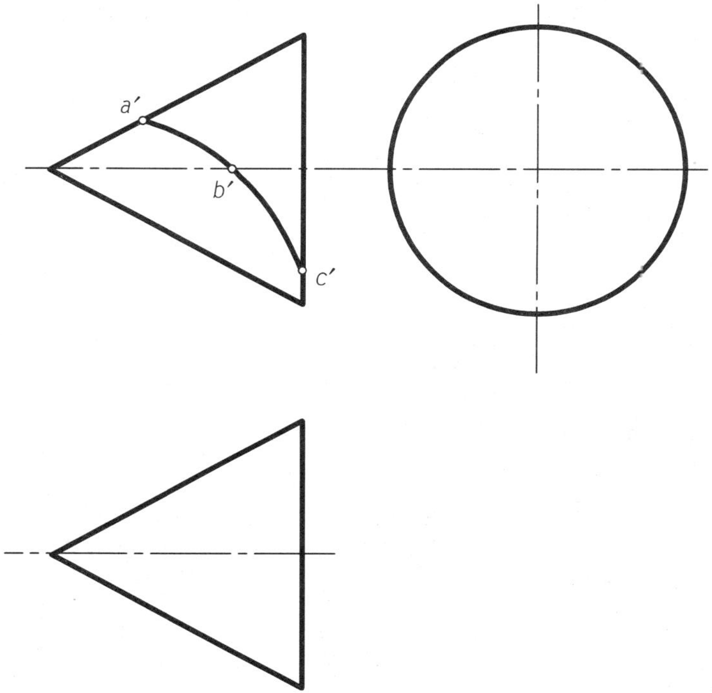

基本立体及其截交线(四)	班级		姓名		学号		

上交作业　请沿此虚线剪切

9–10　求作圆球及其表面上各点的另二面投影。

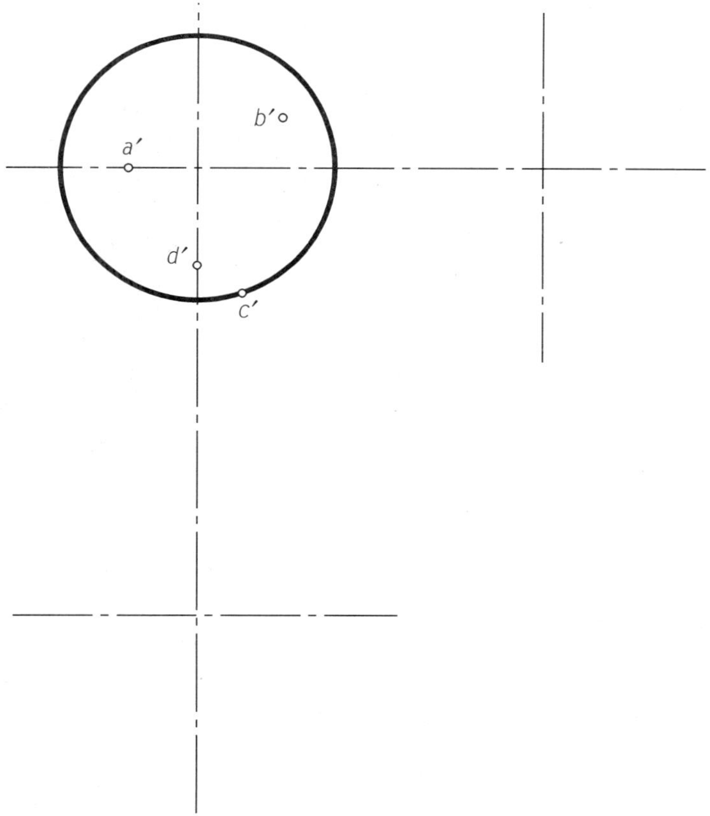

9–11　求作圆球表面上各线的另二面投影。

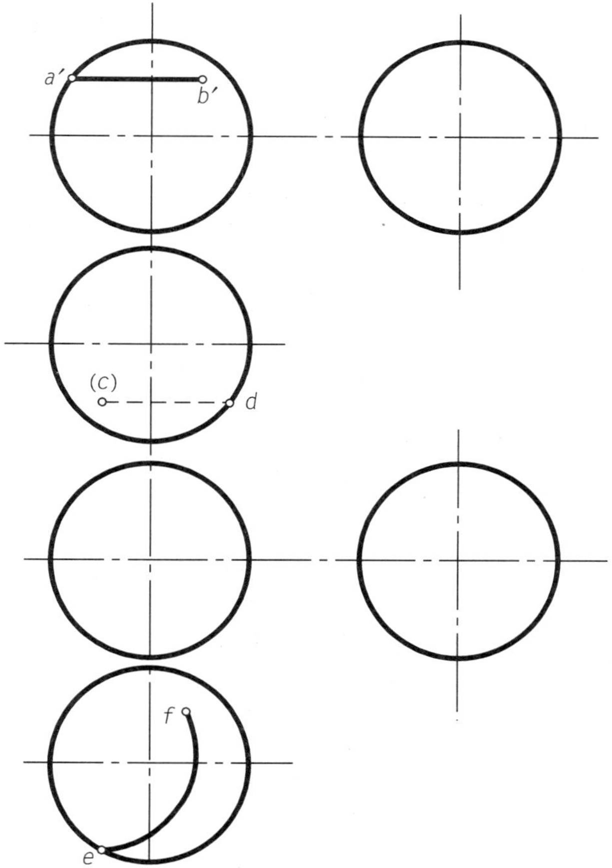

基本立体及其截交线(五)	班级		姓名		学号		

上交作业 请沿此虚线剪切

9–12 已知立体的正面投影和部分侧面投影,求作水平投影,补全侧面投影。

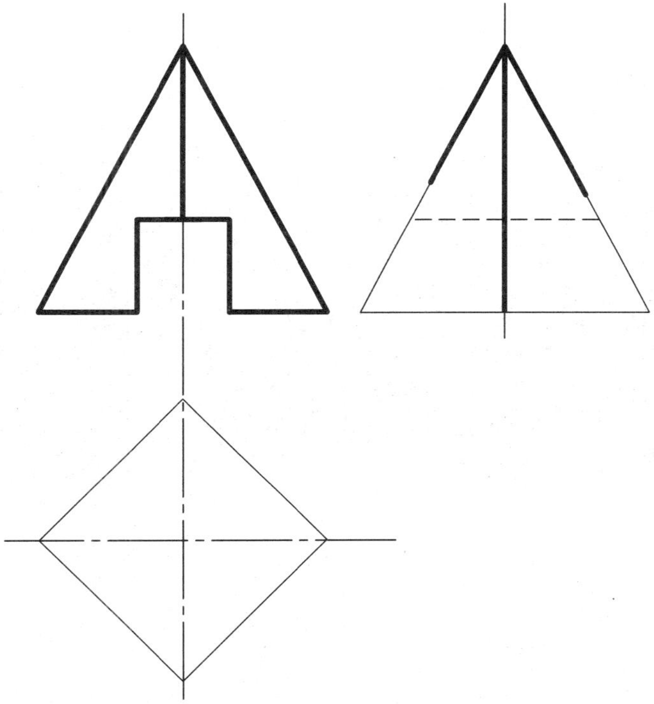

9–13 已知立体的正面投影和部分侧面投影,求作水平投影,补全侧面投影。

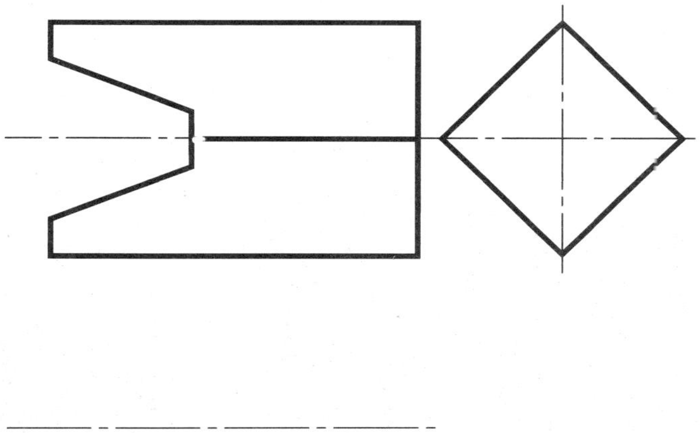

基本立体及其截交线(六)	班级		姓名		学号		

上交作业 请沿此虚线剪切

9-14 已知立体的正面投影和侧面投影,求作水平投影。

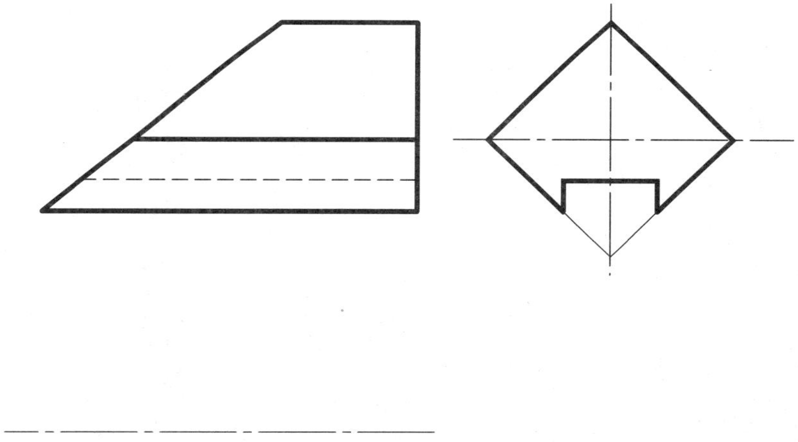

9-15 已知立体的正面投影和水平投影,求作侧面投影。

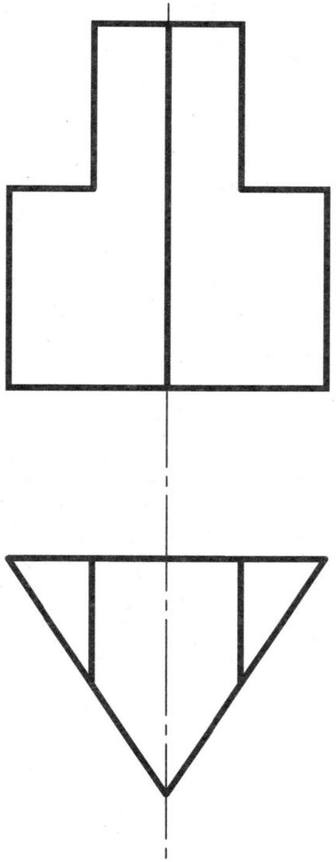

基本立体及其截交线(七)	班级		姓名		学号		

上交作业 请沿此虚线剪切

9–16 完成切口四棱台的水平投影和侧面投影。

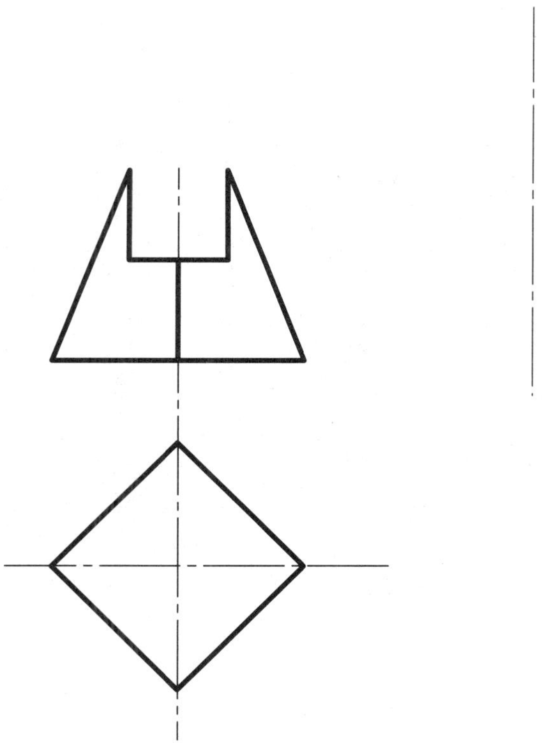

9–17 完成切口三棱锥的水平投影和侧面投影。

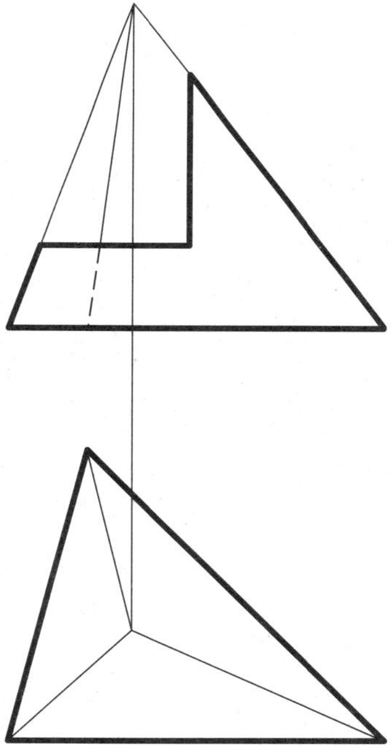

基本立体及其截交线(八)	班级		姓名		学号		

上交作业　请沿此虚线剪切

9-18　完成切口三棱锥的水平投影和侧面投影。

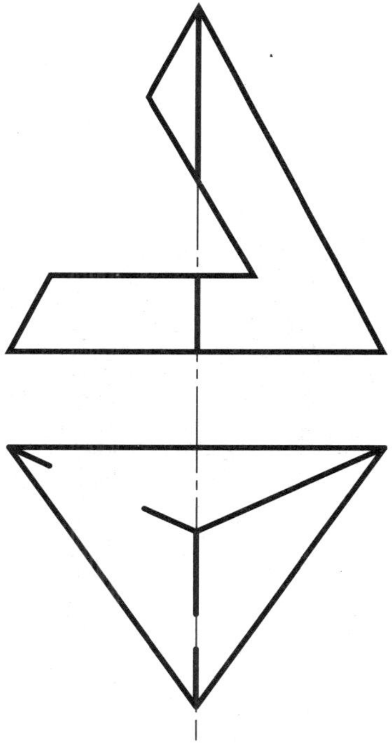

9-19　完成切口三棱锥的水平投影和侧面投影。

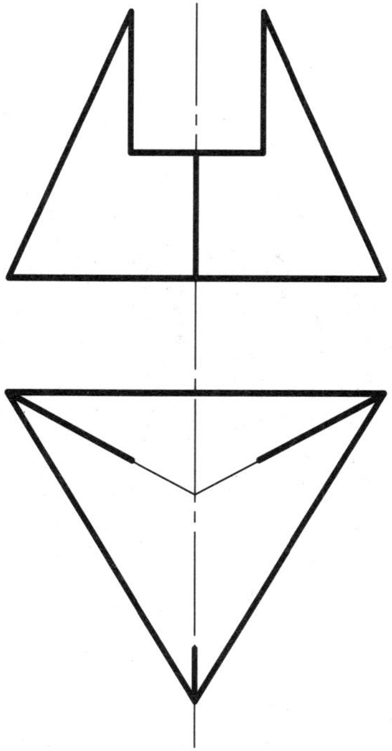

基本立体及其截交线(九)	班级		姓名		学号		

上交作业 请沿此虚线剪切

9-20 完成切口圆锥的水平投影和侧面投影。

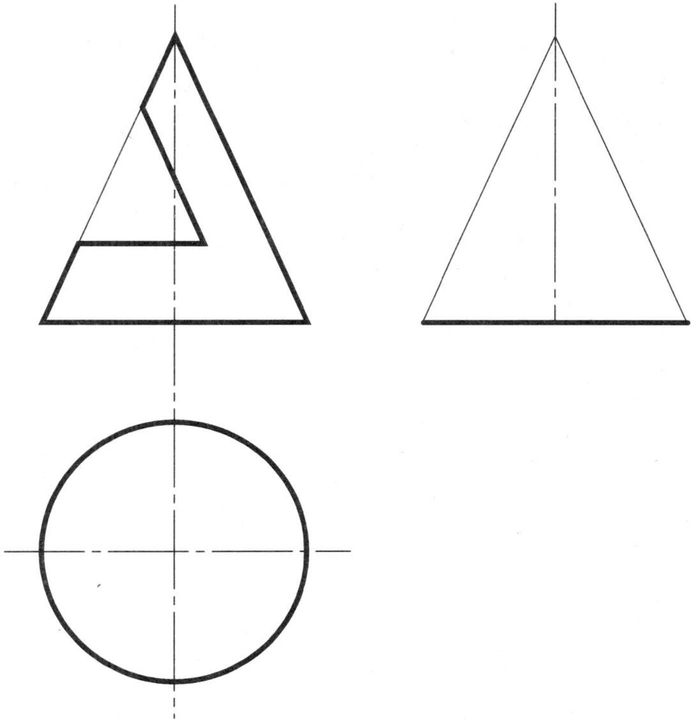

9-21 完成切口圆锥圆柱复合体的水平投影和侧面投影。

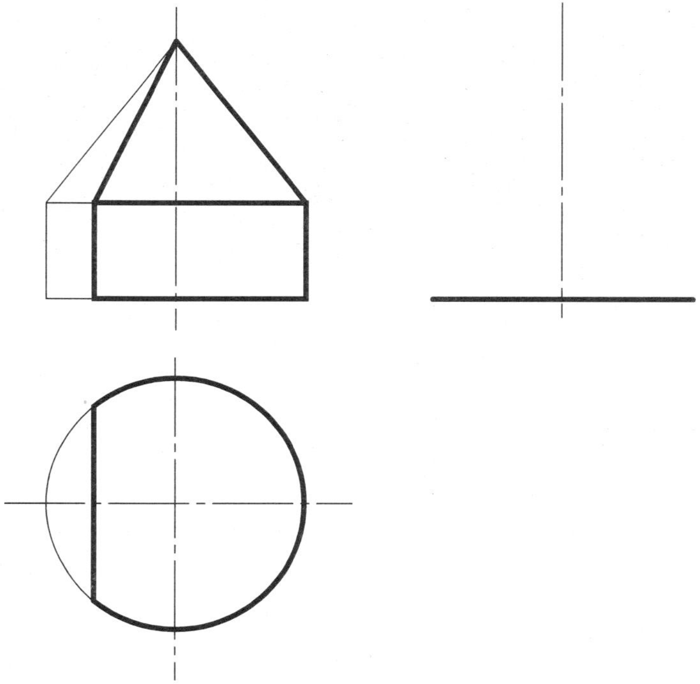

基本立体及其截交线(十)	班级		姓名		学号		

上交作业 请沿此虚线剪切

9–22　完成截切圆锥的水平投影和侧面投影。

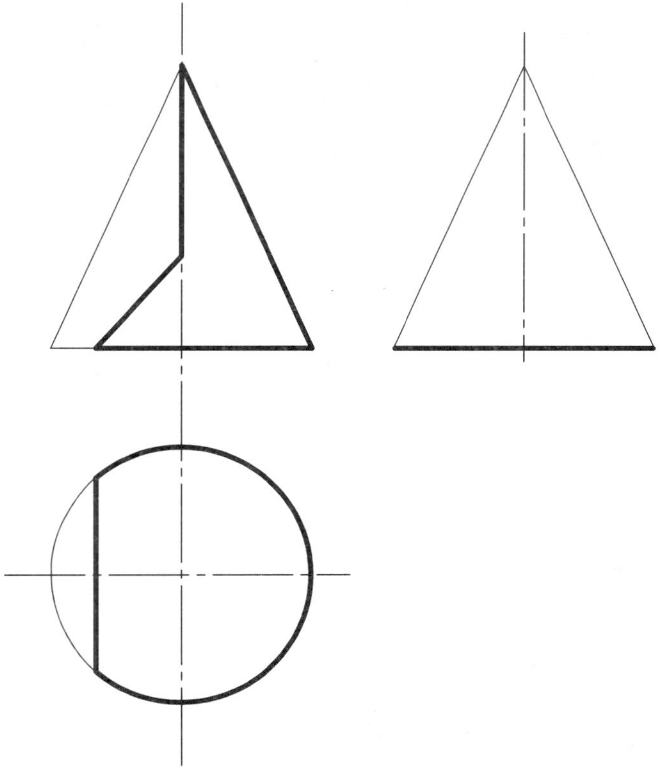

9–23　完成复合回转体被截切后的水平投影。

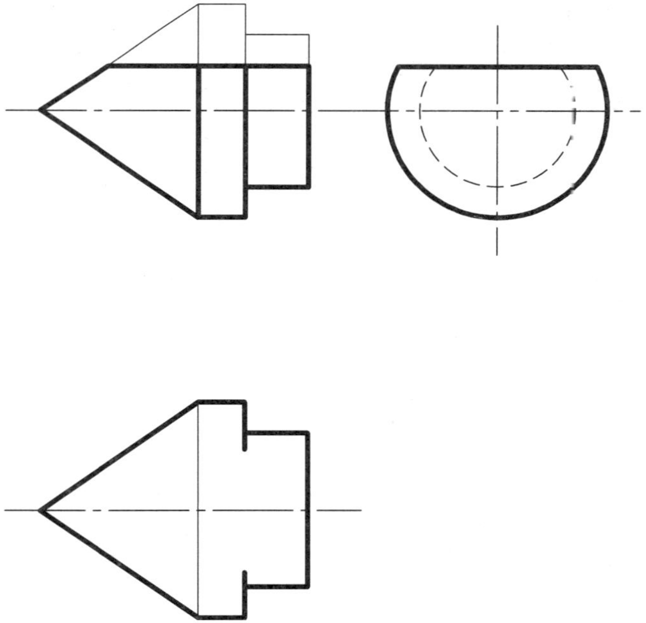

基本立体及其截交线(十一)	班级		姓名		学号		

上交作业 请沿此虚线剪切

9–24 求作直线 AB 与立体的贯穿点。

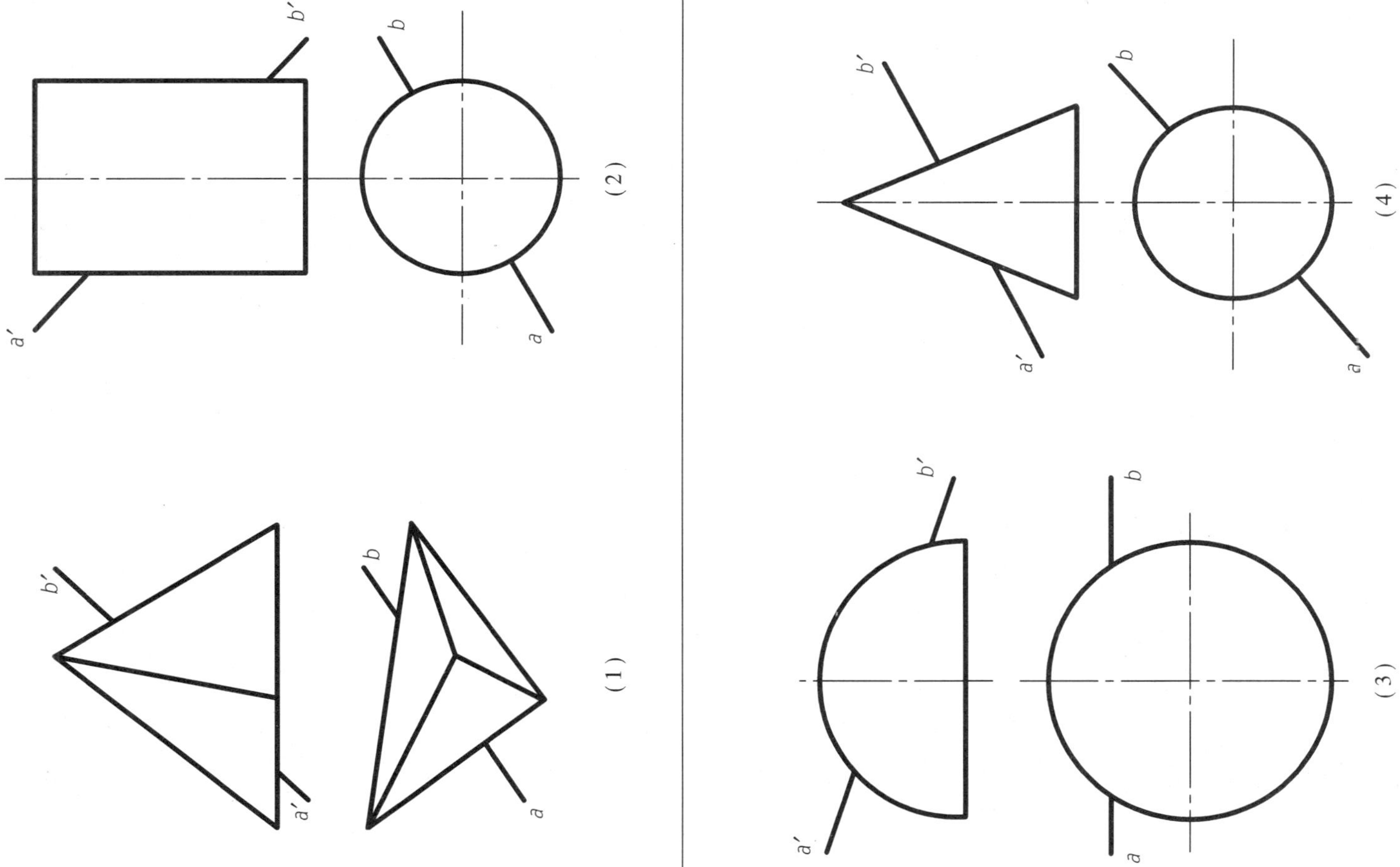

基本立体及其截交线(十二)	班级		姓名		学号		

10–1　完成两相贯立体的三面投影。

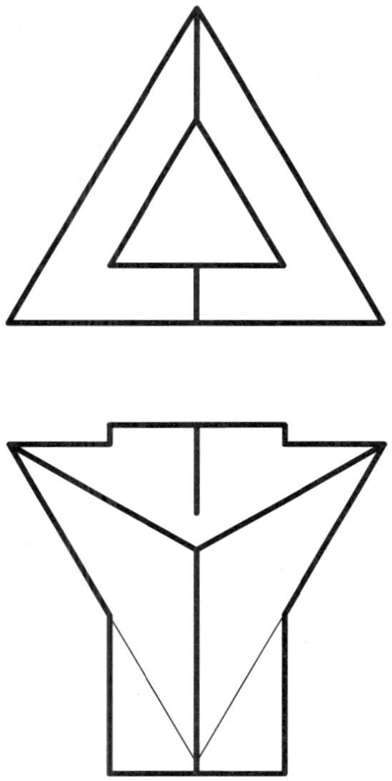

10–2　完成两相贯立体的三面投影。

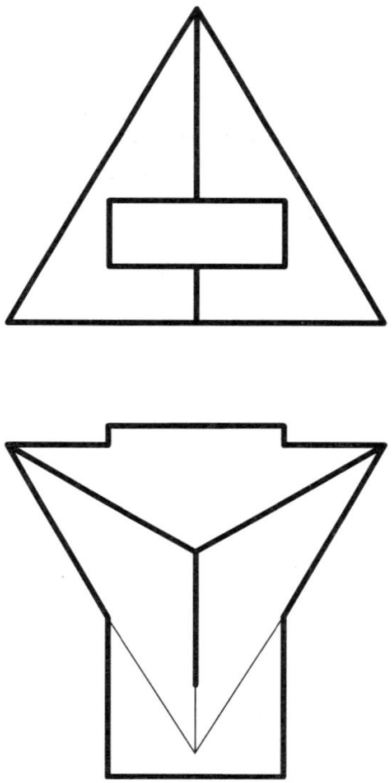

上交作业 请沿此虚线剪切

两立体相交(一)	班级		姓名		学号		

上交作业 请沿此虚线剪切

10–3　完成穿孔圆柱的水平和侧面投影。

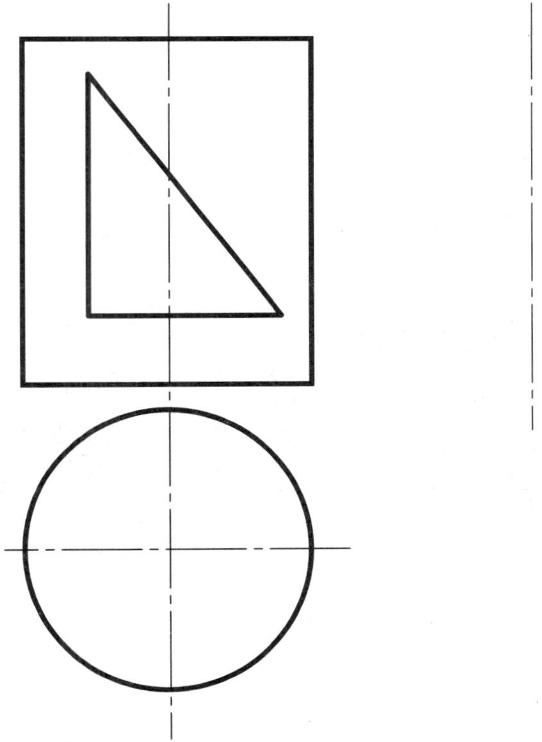

10–4　完成三棱柱穿孔于圆锥的水平投影。

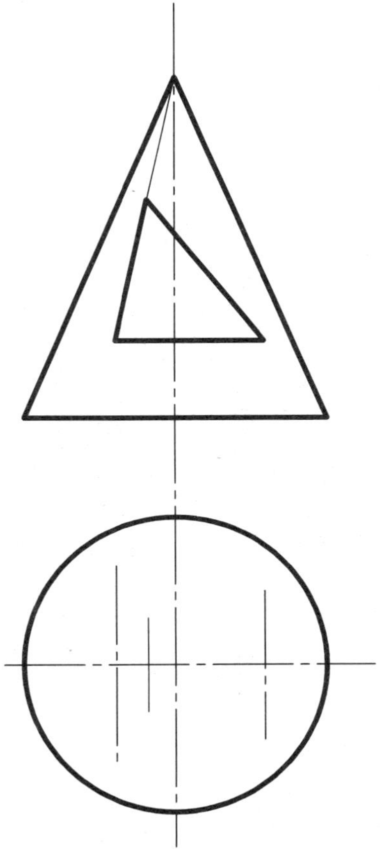

两立体相交(二)	班级		姓名		学号		

上交作业 请沿此虚线剪切

10-5　求两圆柱的相贯线。

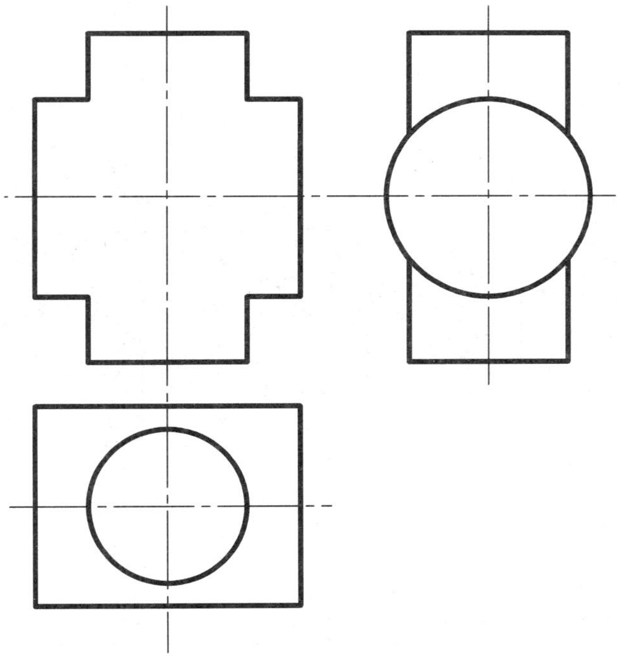

10-6　已知立体的正面投影和侧面投影,求作水平投影。

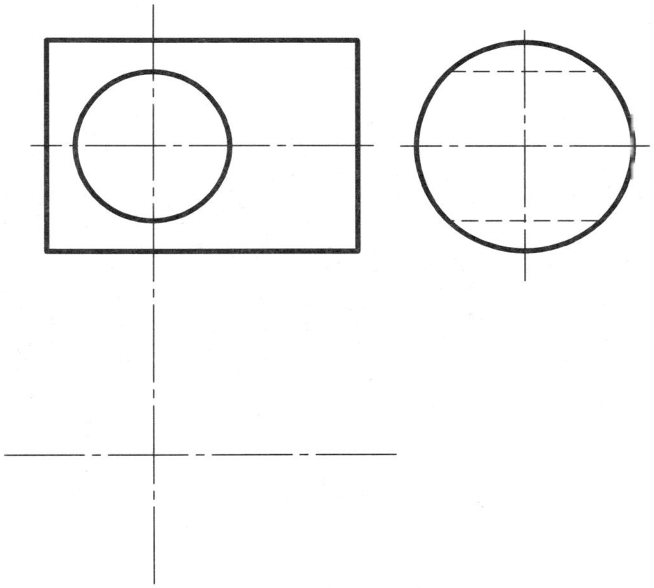

两立体相交(三)	班级		姓名		学号		

上交作业 请沿此虚线剪切

10-7 完成相交圆柱与圆锥的水平与正面投影。

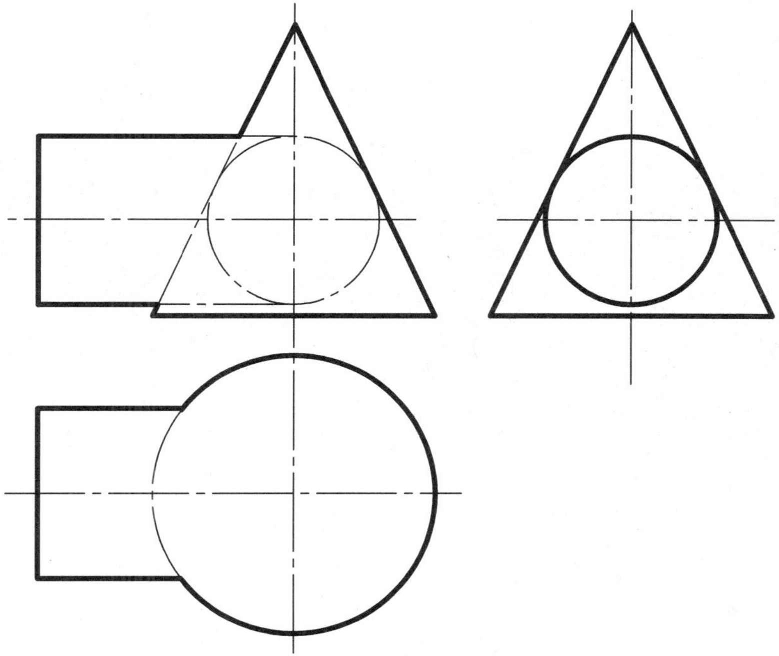

10-8 补全切口圆球的水平投影与正面投影。

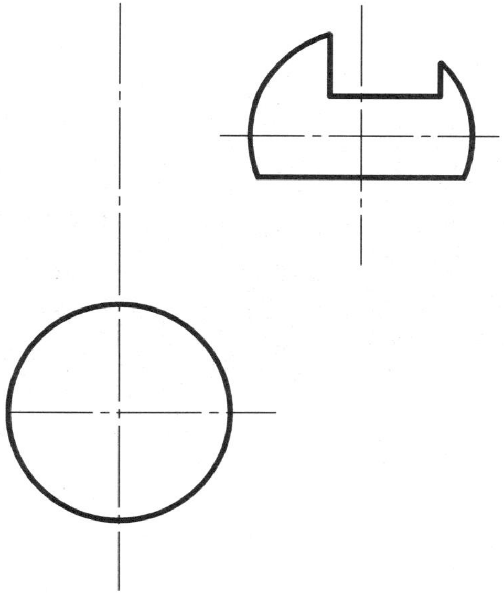

两立体相交(四)	班级		姓名		学号	

上交作业·请沿此虚线剪切

11–1　根据正投影图作出形体的正等轴测图（尺寸由图中量取）。

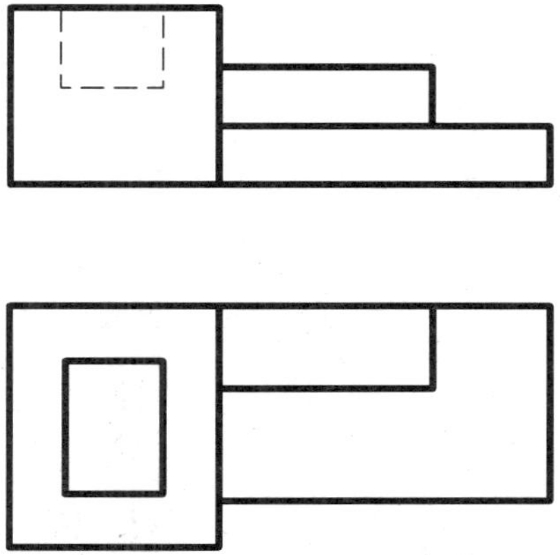

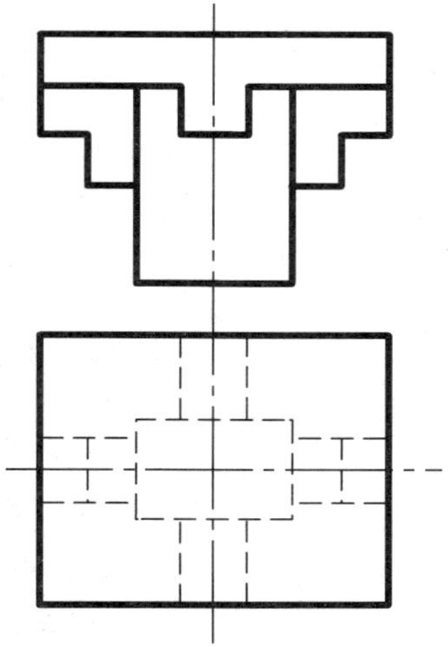

轴测投影(一)	班级		姓名		学号		

上交作业 请沿此虚线剪切

11–2　根据正投影图作出形体的正等轴测图（尺寸由图中量取）。

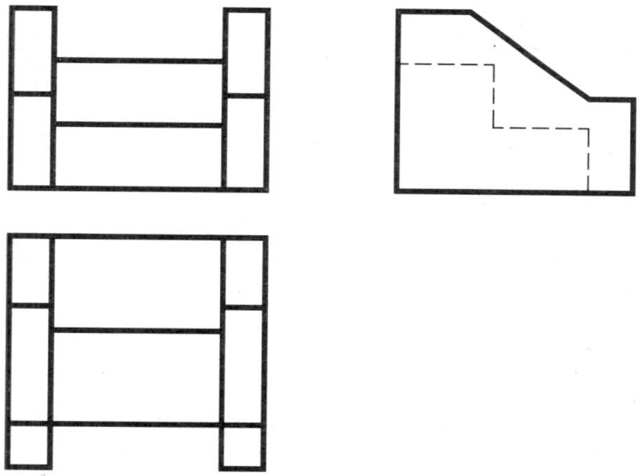

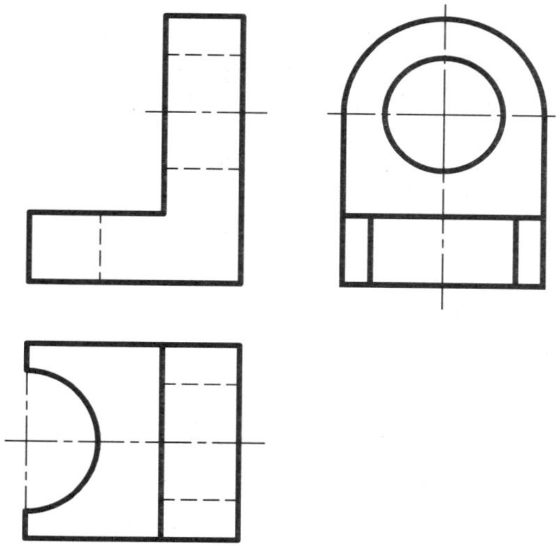

轴测投影(二)	班级		姓名		学号		

上交作业 请沿此虚线剪切

11-3　根据正投影图作出形体的斜二轴测图（尺寸由图中量取）。

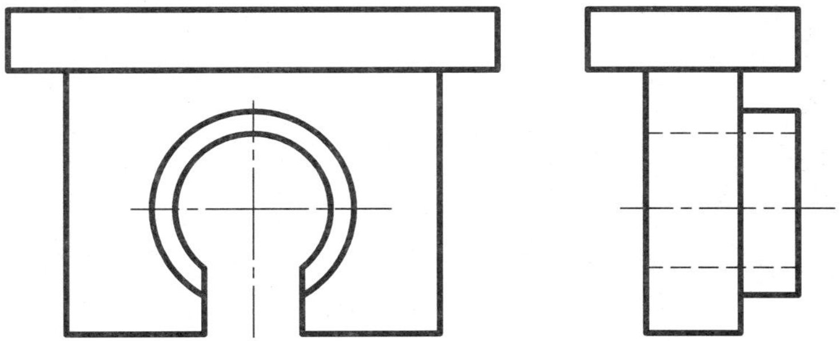

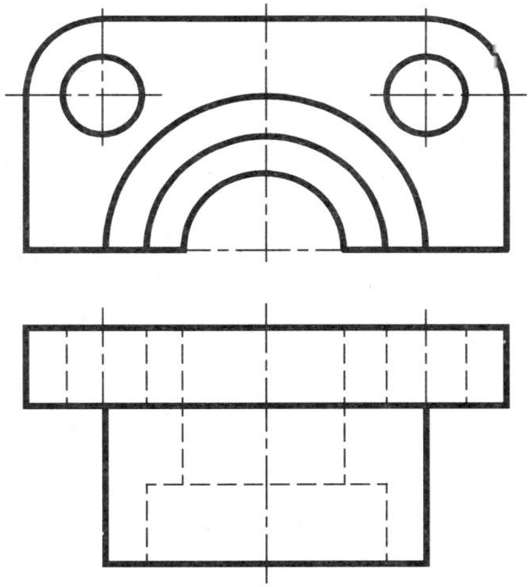

轴测投影(三)	班级		姓名		学号		

上交作业 请沿此虚线剪切

12-1　根据立体图上的尺寸用比例 1 : 1 画三视图(单位:mm)。

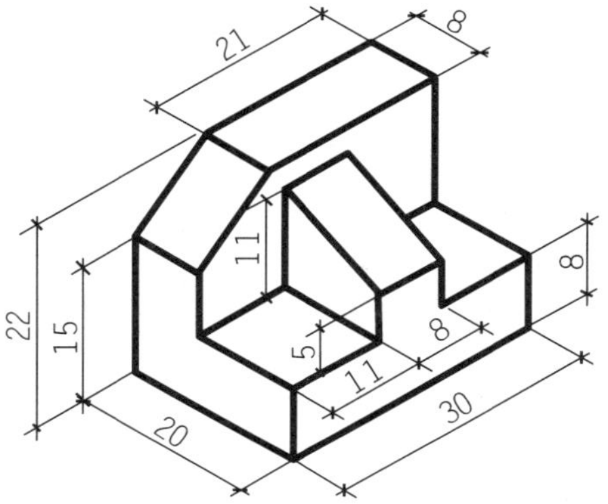

12-2　根据立体图上的尺寸用比例 1 : 20 画三视图(单位:mm)。

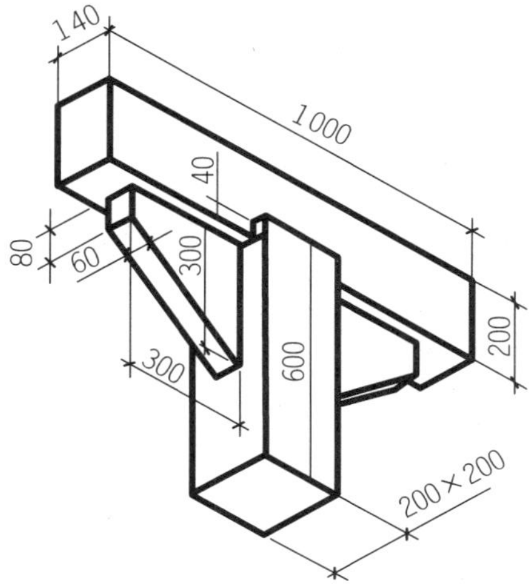

组合体(一)	班级		姓名		学号	

上交作业 请沿此虚线剪切

12-3　根据立体图上的尺寸用比例 1：20 画三视图(单位:mm)。

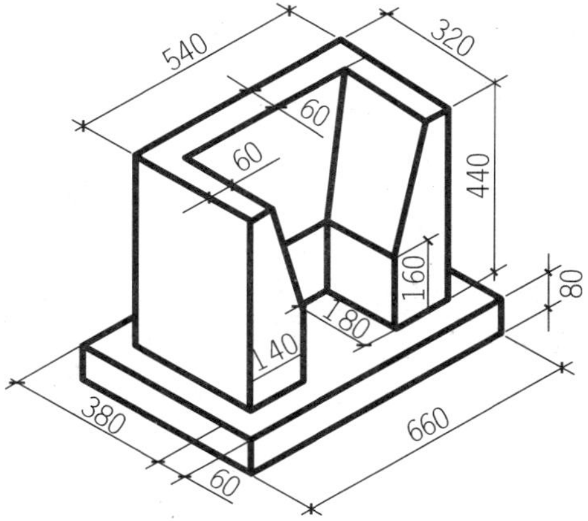

12-4　根据立体图上的尺寸用比例 1：10 画三视图(单位:mm)。

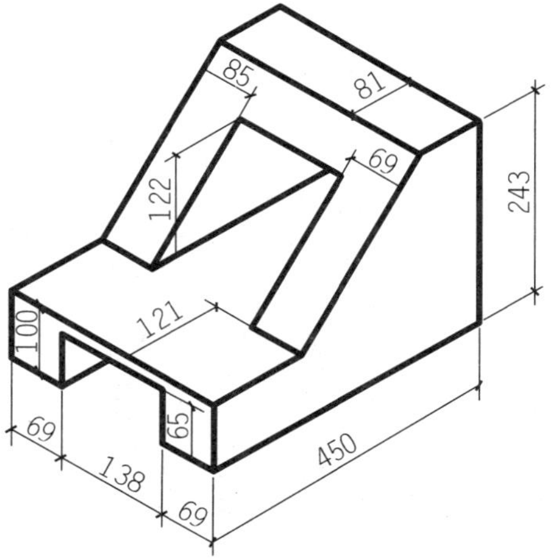

组合体(二)	班级		姓名		学号		

上交作业·请沿此虚线剪切

12-5 根据立体图上的尺寸用比例 1∶2 画三视图(单位:mm)。

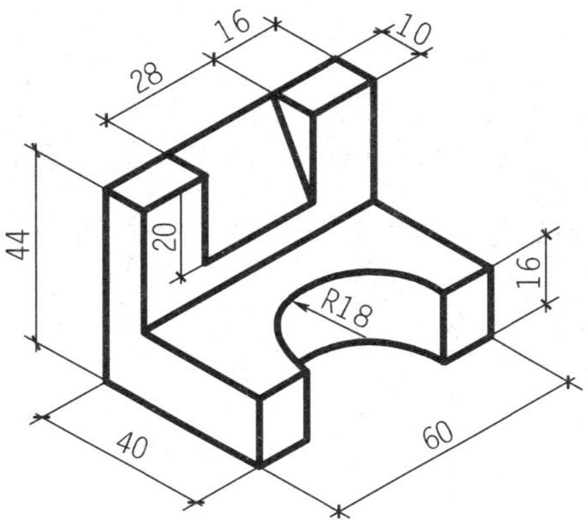

12-6 根据立体图上的尺寸用比例 1∶5 画三视图(单位:mm)。

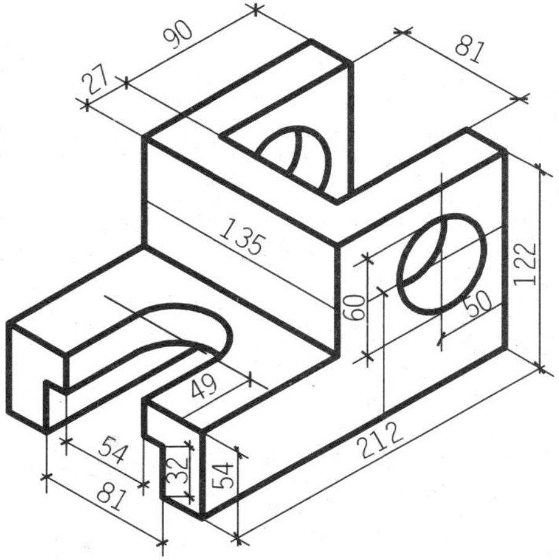

组合体(三)	班级		姓名		学号		

上交作业

请沿此虚线剪切

12–7　补画左侧立面图。

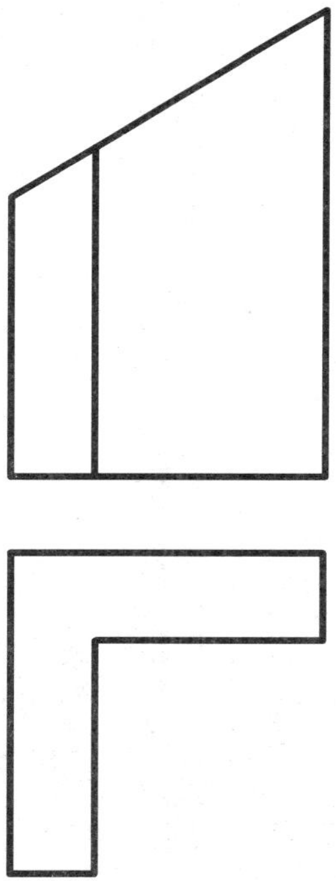

12–8　补画正立面图。

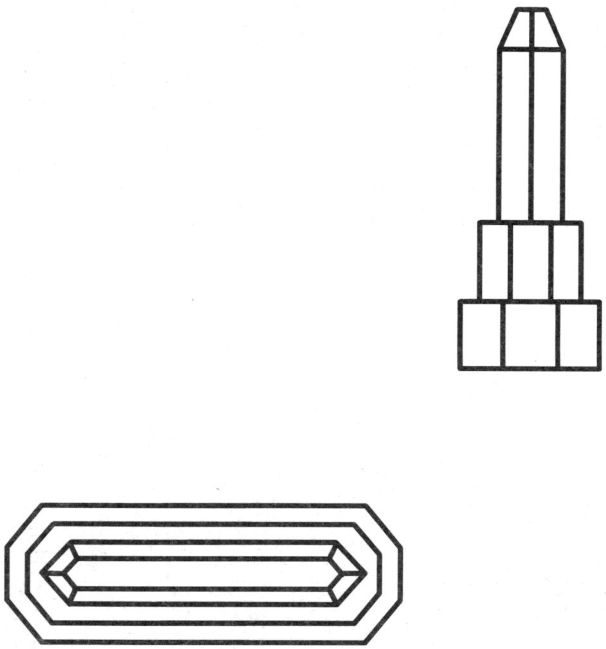

组合体(四)	班级		姓名		学号		

上交作业 请沿此虚线剪切

12-9　补画正立面图。

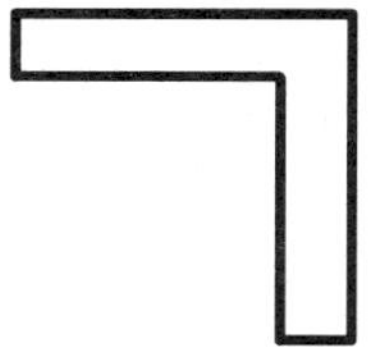

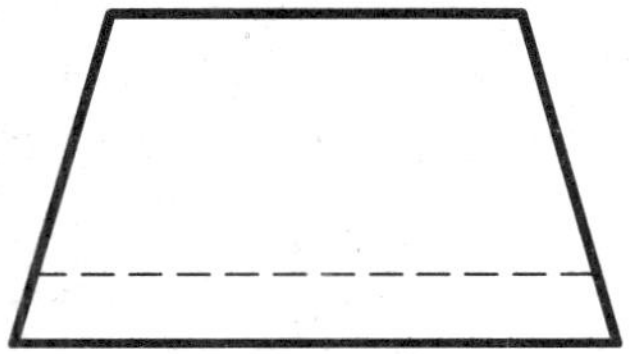

12-10　补画正立面图。

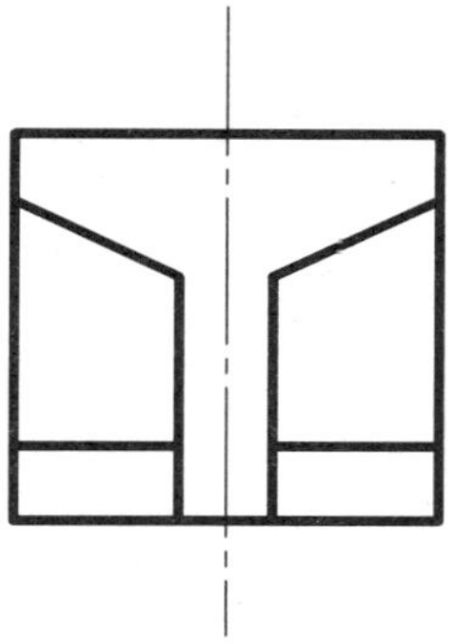

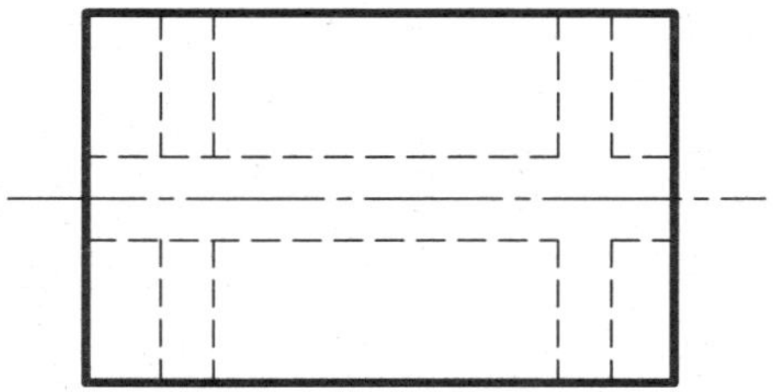

组合体(五)	班级		姓名		学号		

上交作业 请沿此虚线剪切

12–11　补画正立面图。

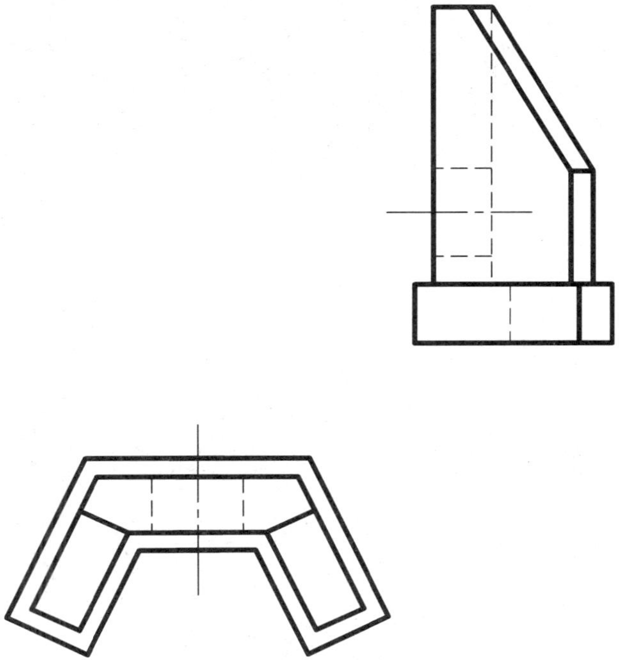

12–12　补画平面图。

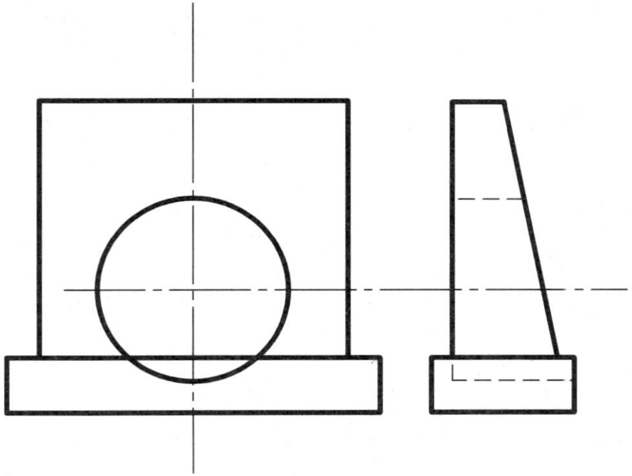

组合体(六)	班级		姓名		学号		

上交作业 请沿此虚线剪切

12–13 补全投影图中所缺漏的图线。

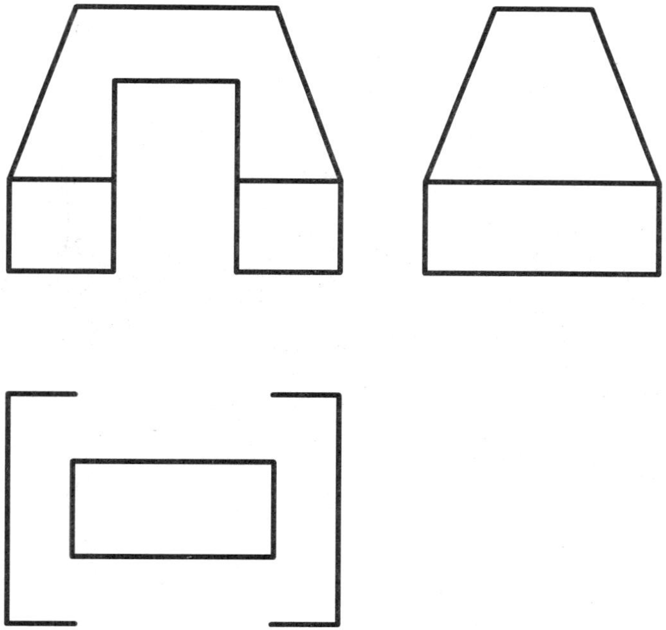

12–14 补全投影图中所缺漏的图线。

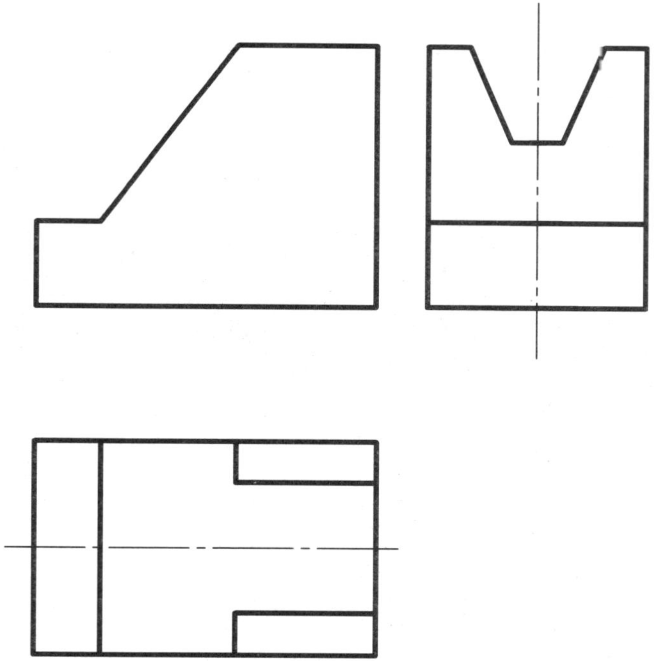

组合体(七)	班级		姓名		学号		

上交作业

请沿此虚线剪切

12-15　根据两视图补画第三视图。

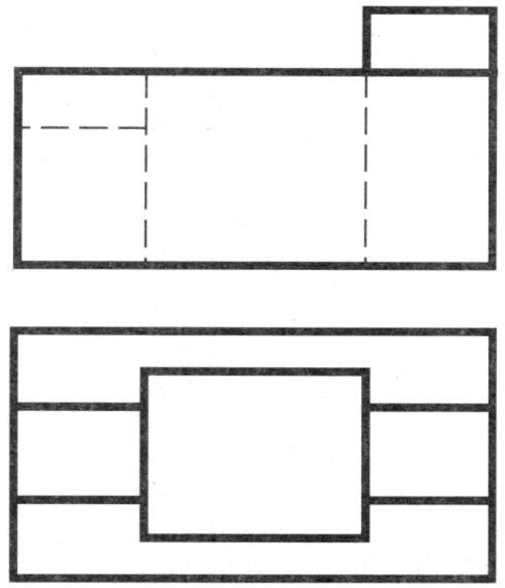

（1）

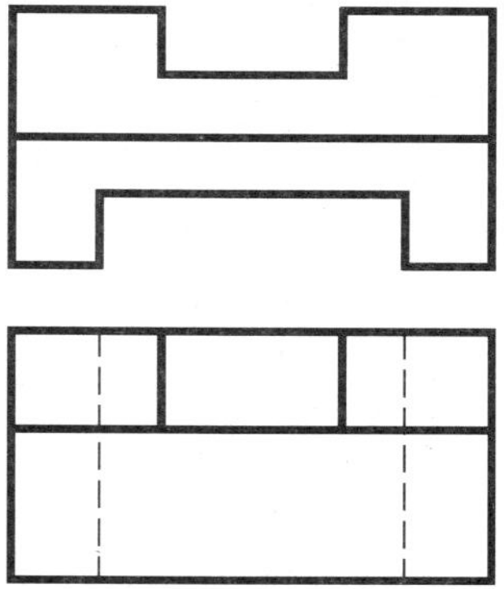

（2）

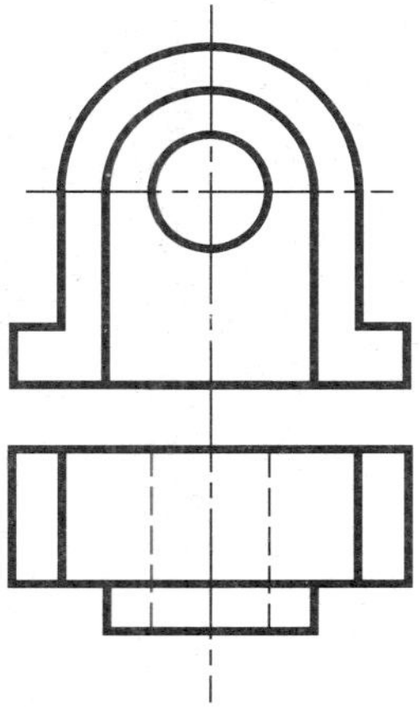

（3）

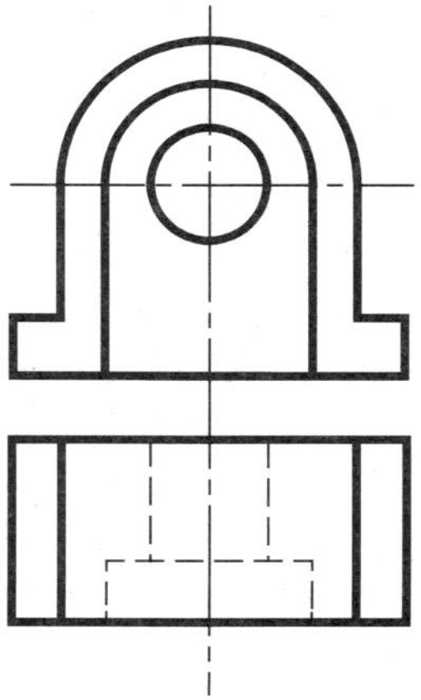

（4）

组合体(八)	班级		姓名		学号	

上交作业 请沿此虚线剪切

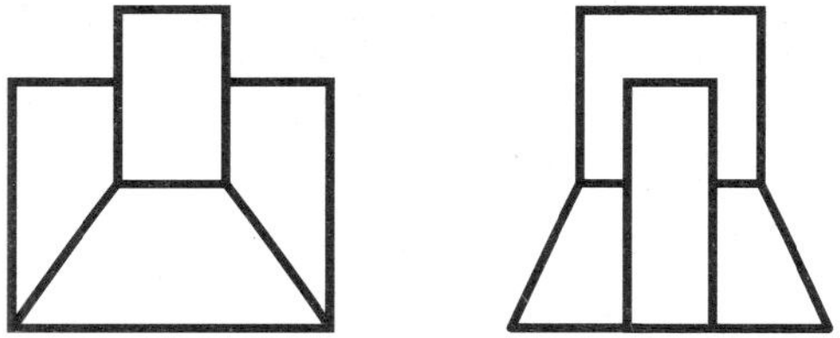

（5）

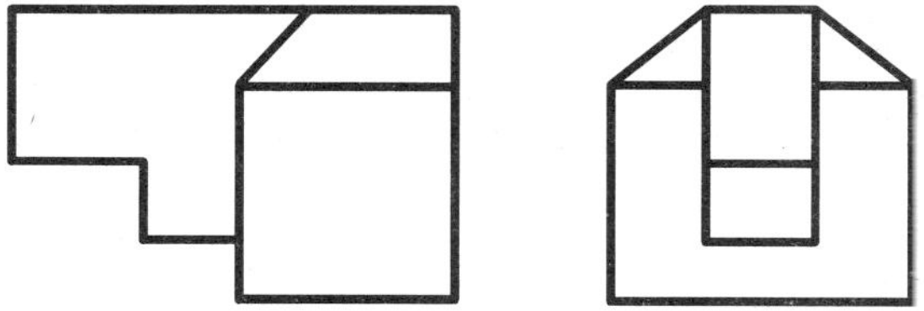

（6）

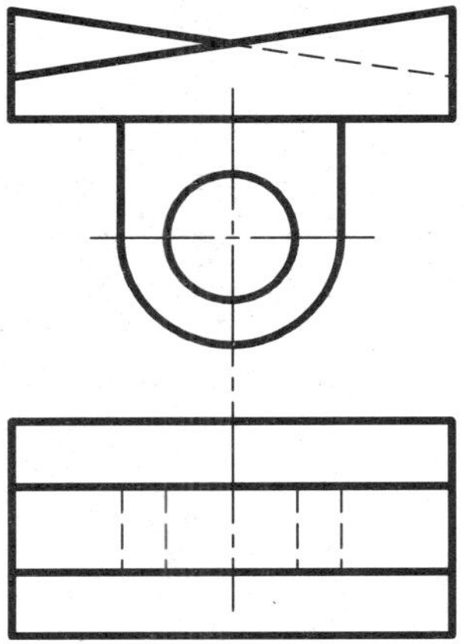

（7）

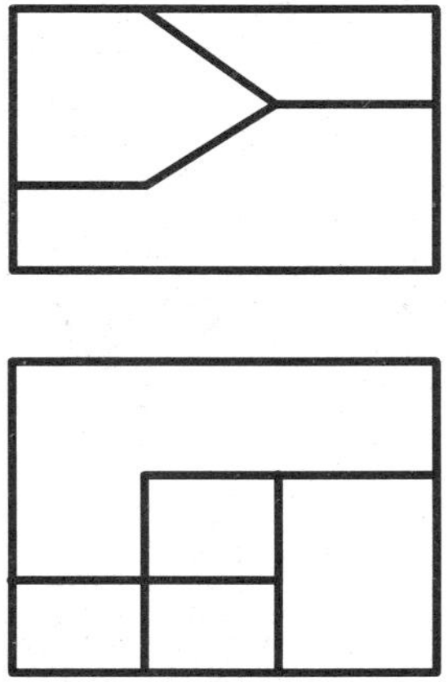

（8）

组合体(九)	班级		姓名		学号		

上交作业 请沿此虚线剪切

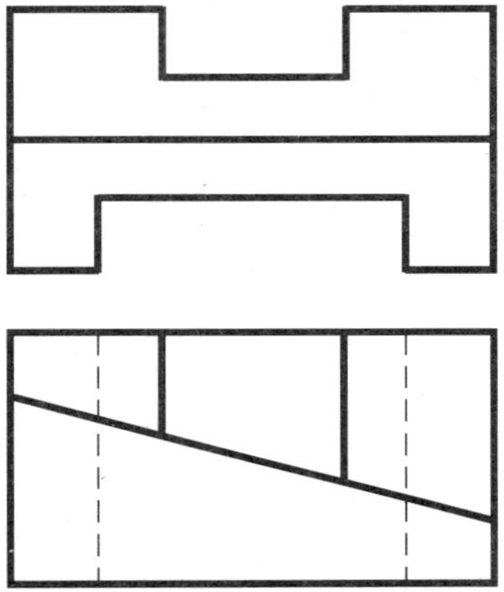

(9)

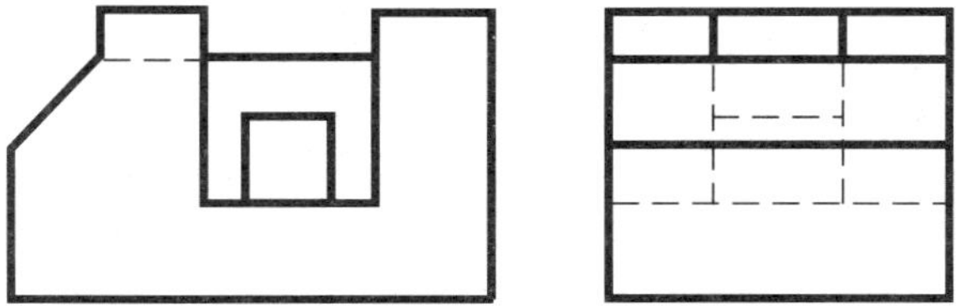

(10)

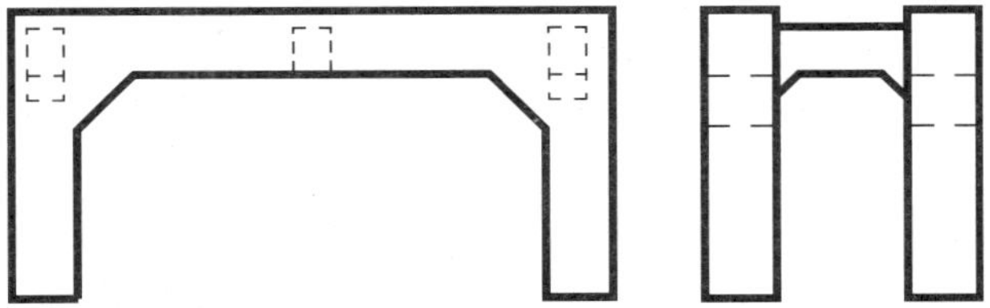

(11)

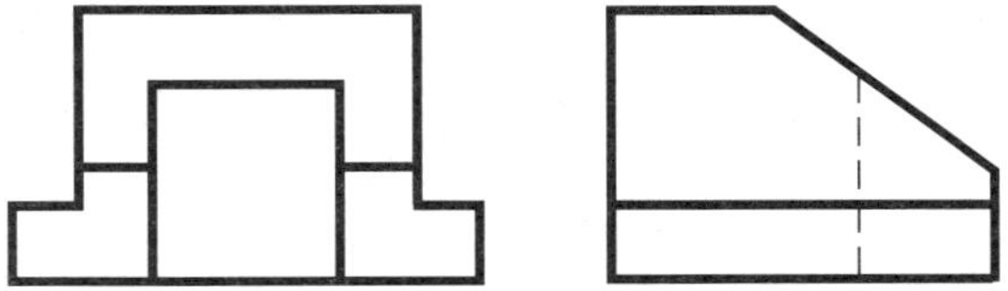

(12)

组合体(十)	班级		姓名		学号	

上交作业 请沿此虚线剪切

(13)

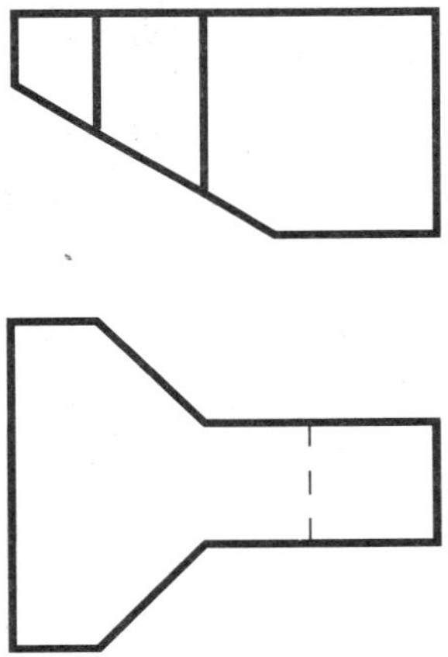

(14)

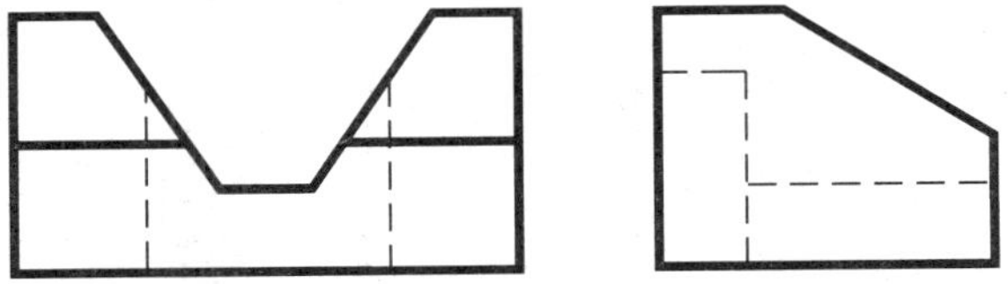

(15)

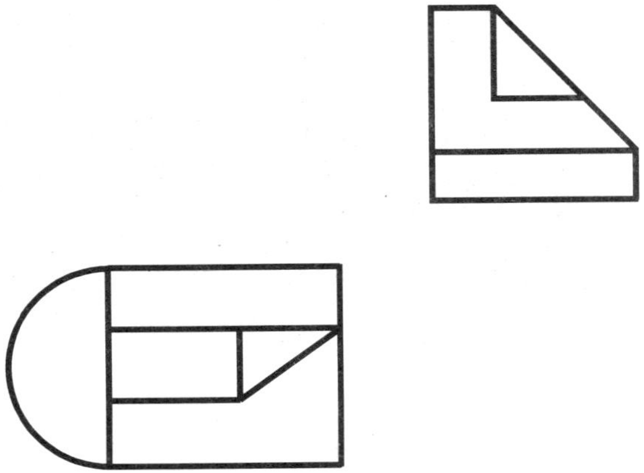

(16)

组合体(十一)	班级		姓名		学号		

上交作业　请沿此虚线剪切

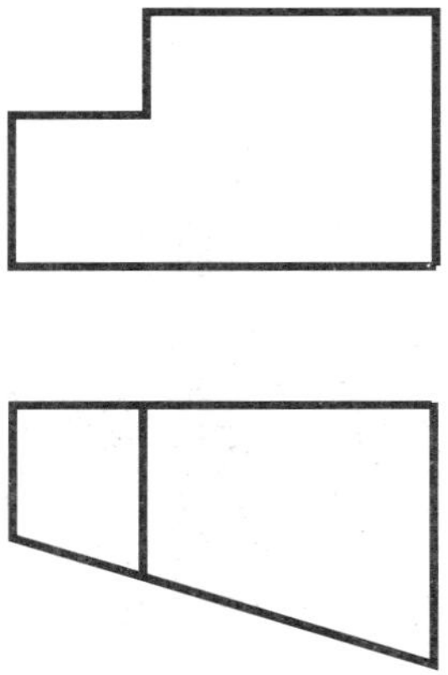

(17)

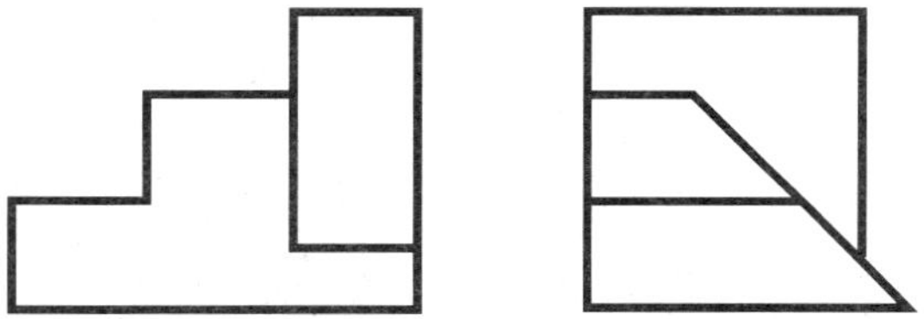

(18)

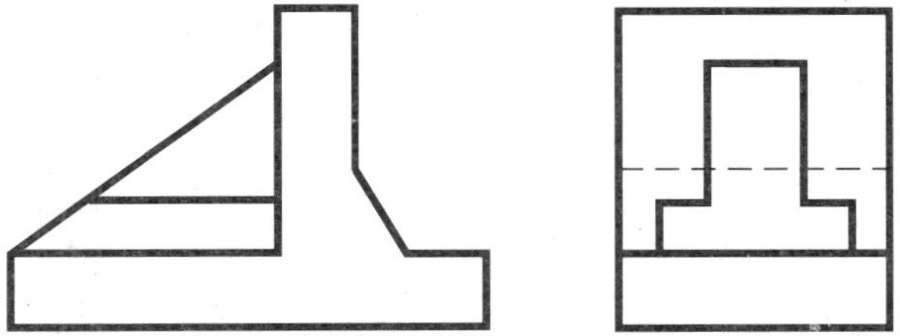

(19)

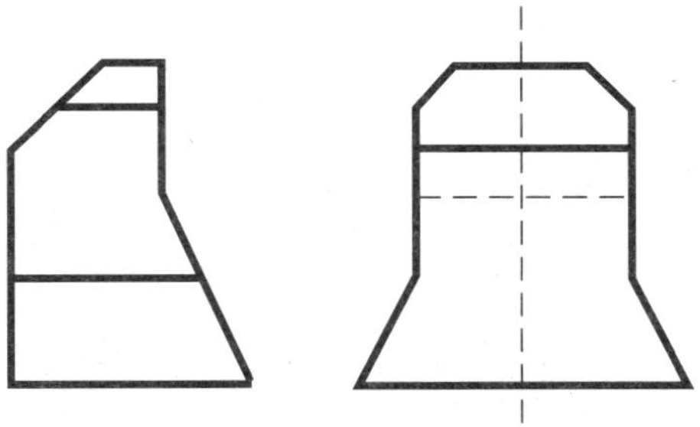

(20)

组合体(十二)	班级		姓名		学号		

上交作业 请沿此虚线剪切

12–16 已知立体的平面图和正立面图，试作左侧立面图。

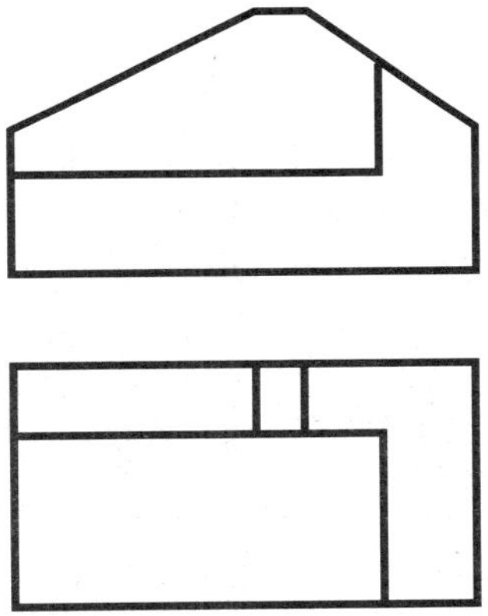

(1)

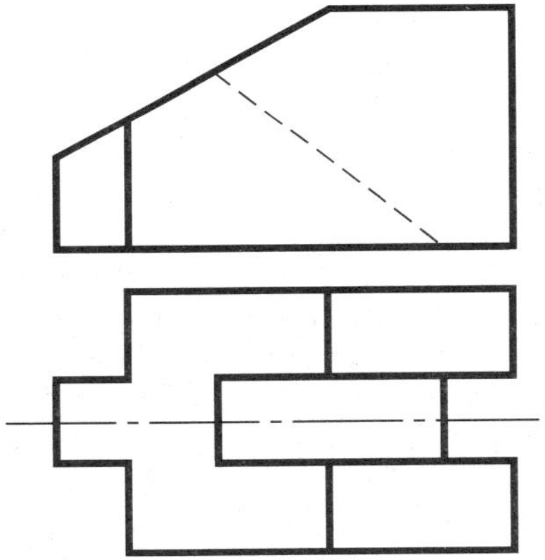

(2)

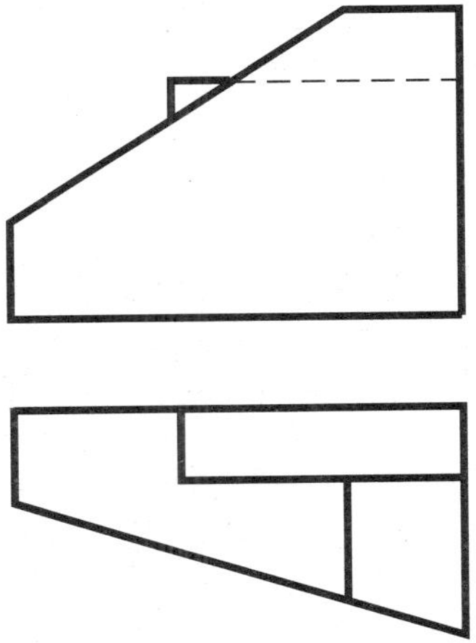

(3)

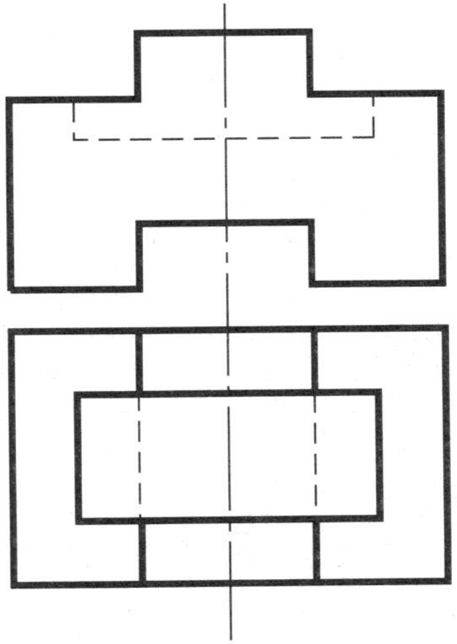

(4)

组合体(十三)	班级		姓名		学号		

上交作业 请沿此虚线剪切

12-17 已知组合体的正立面图和左侧立面图,试作平面图。

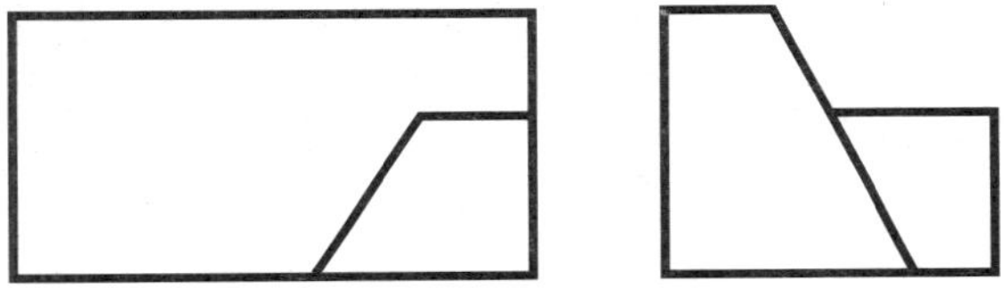

(1)

(2)

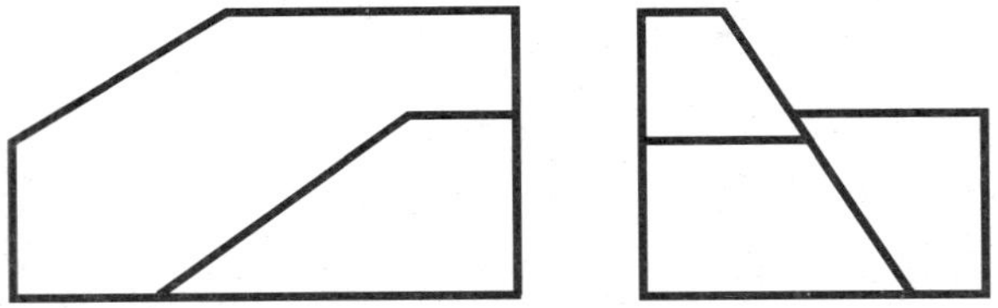

(3)

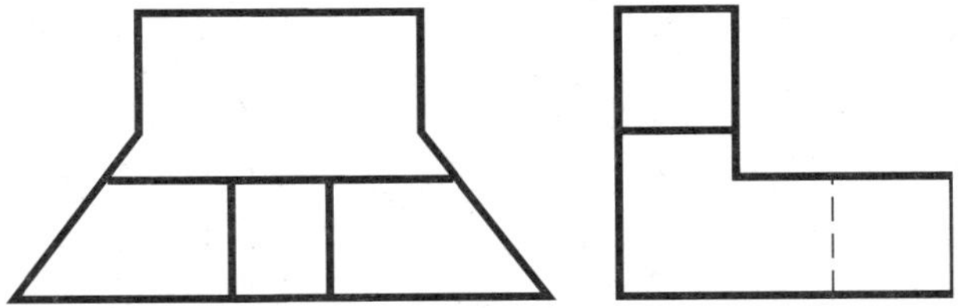

(4)

组合体(十四)	班级		姓名		学号		

13–1　已知立体的平面图和左侧半立面图，作 1–1 剖面图，并完成 2–2 半剖面图。

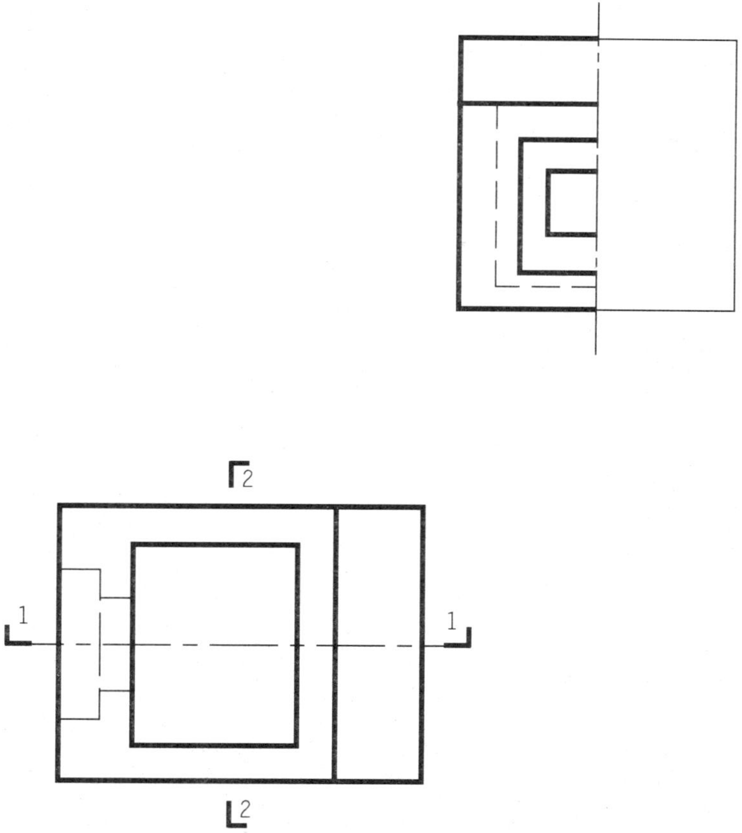

13–2　已知立体的平面图和立面图，作 1–1 剖面图，和 2–2 半剖面图。

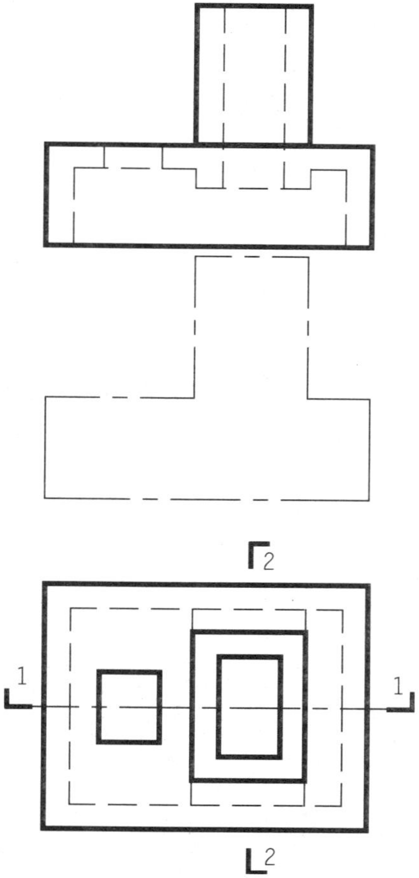

工程形体的表达方法(一)	班级		姓名		学号		

上交作业 请沿此虚线剪切

13–3 已知立体的平面图和正立面图，作 1–1 剖面图，和 2–2 半剖面图。

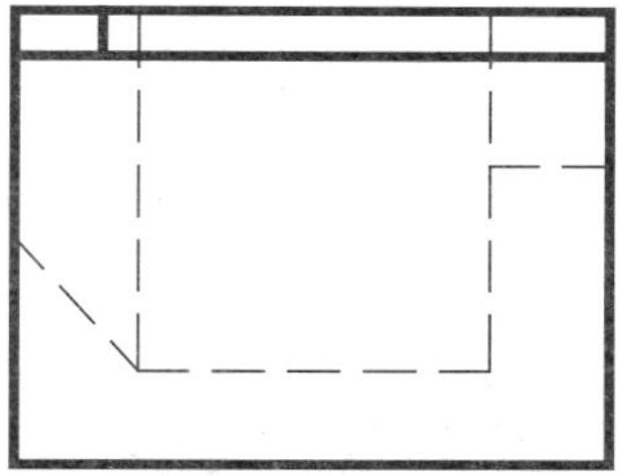

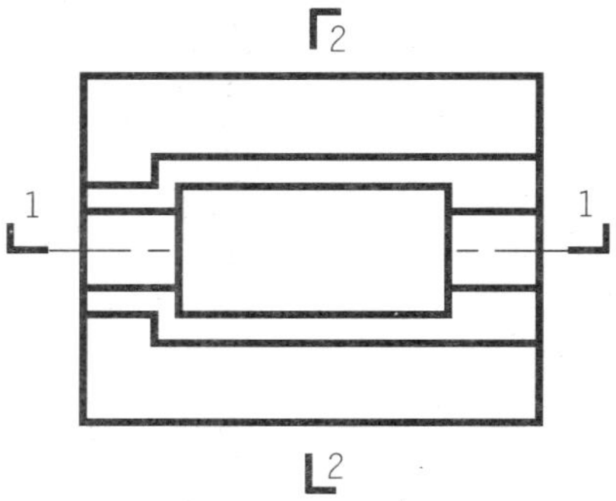

13–4 已知立体的平面图和左侧立面图，作 1–1 剖面图。

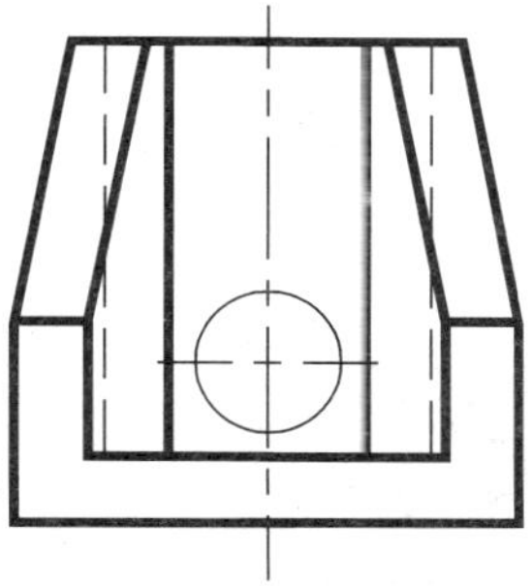

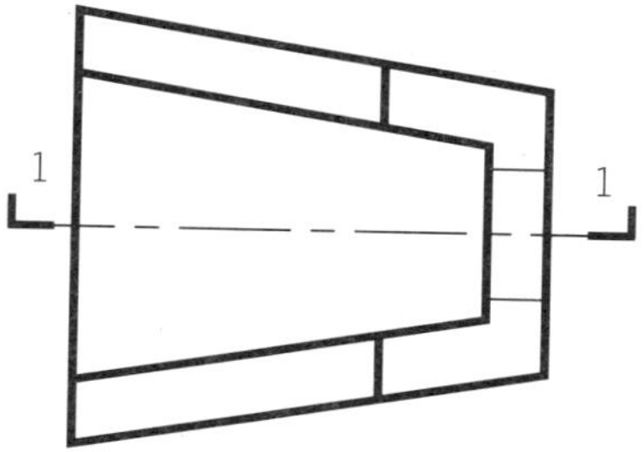

工程形体的表达方法(二)	班级		姓名		学号		

上交作业·请沿此虚线剪切

13-5　已知立体平面图和正立面图，作 1-1 剖面图。

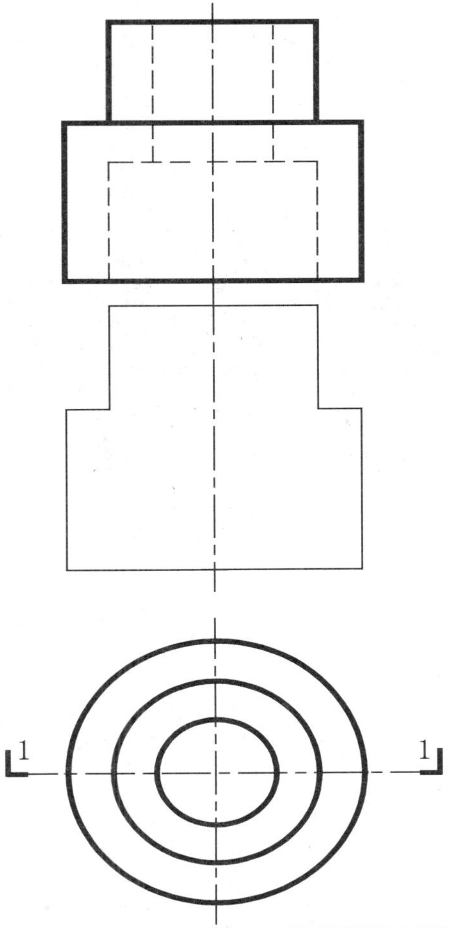

13-6　已知组合体的平面图和立面图，作 1-1 剖面图。

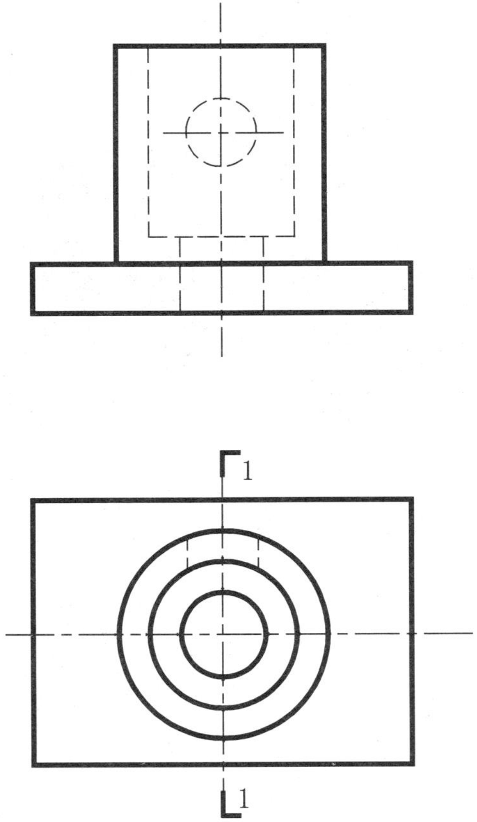

工程形体的表达方法(三)	班级		姓名		学号		

上交作业 请沿此虚线剪切

13-7 已知组合体的平面图和正立面图，作 1-1 剖面图，并完成 2-2 剖面图。

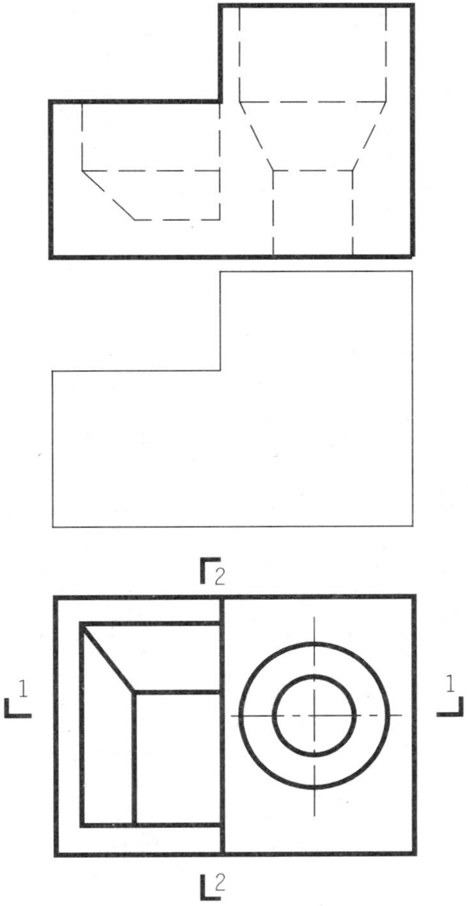

13-8 已知组合体的平面图和立面图，作 1-1 剖面图，并完成 2-2 剖面图。

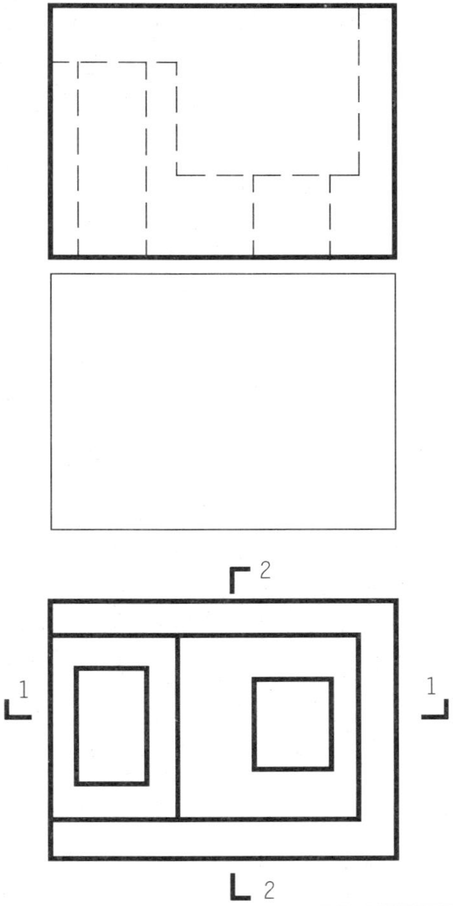

工程形体的表达方法(四)	班级		姓名		学号		

上交作业 请沿此虚线剪切

13-9 已知组合体的平面图和正立面图，作 1-1 剖面图，和 2-2 剖面图。

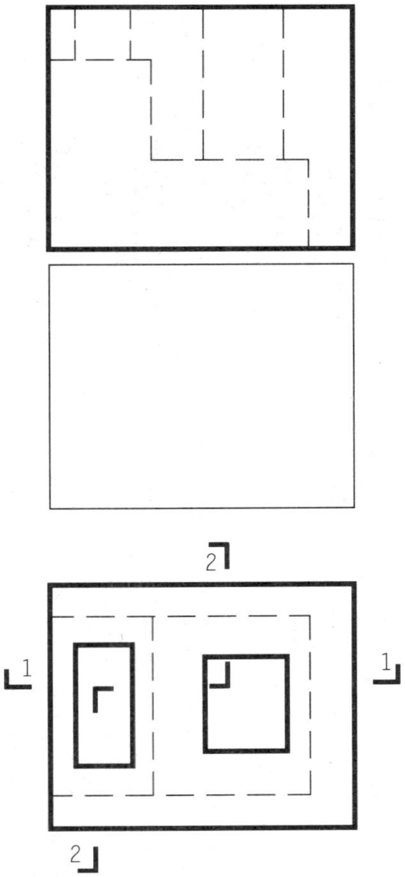

13-10 已知组合体的平面图和立面图，作 1-1 剖面图，和 2-2 半剖面图。

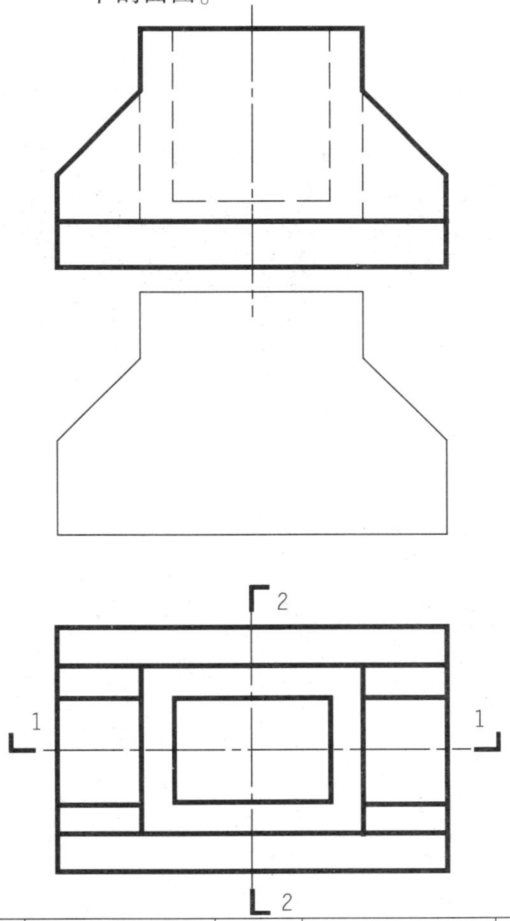

工程形体的表达方法(五)	**班级**		**姓名**		**学号**	

上交作业 请沿此虚线剪切

13–11　已知组合体的平面图和正立面图，作 1–1 剖面图，和 2–2 半剖面图。

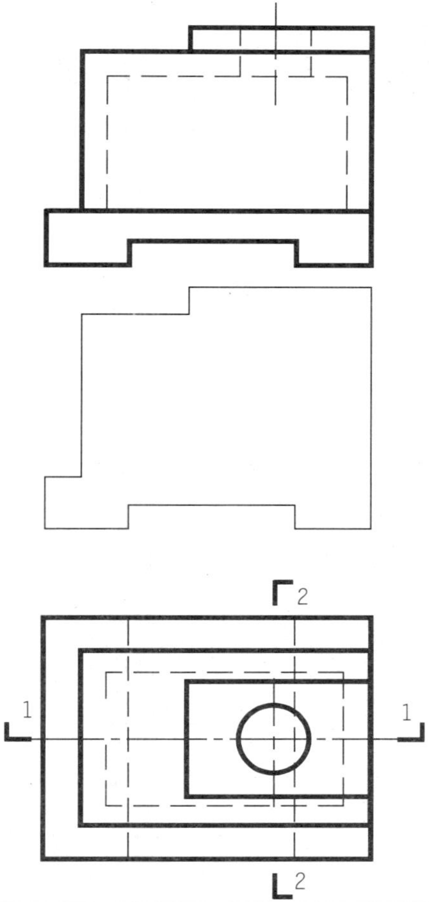

13–12　已知组合体的平面图和正立面图，作 1–1 剖面图，和 2–2 半剖面图。

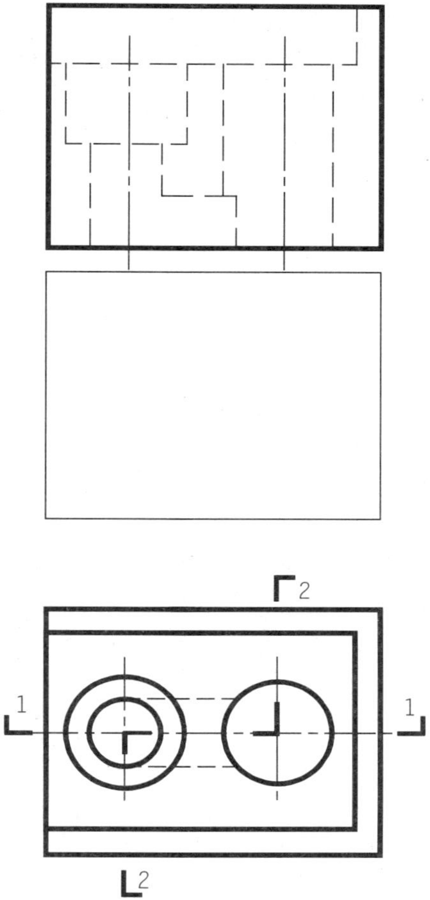

工程形体的表达方法(六)	班级		姓名		学号		

上交作业 请沿此虚线剪切

13–13　已知组合体的平面图和正立面图，作 1–1 剖面图和 2–2 半剖面图。

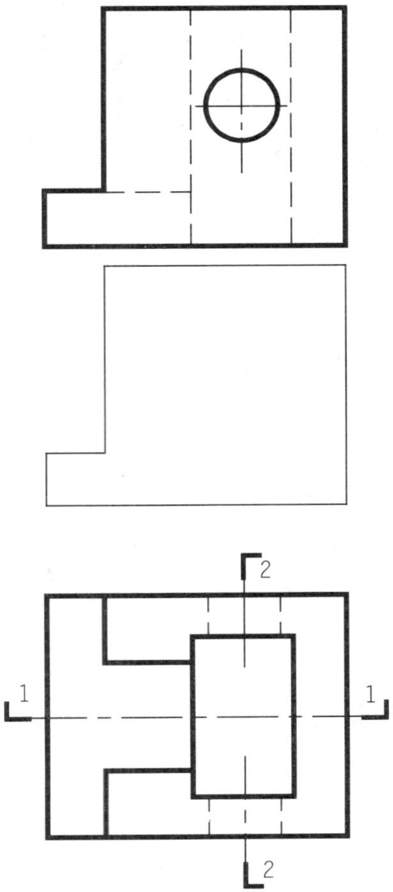

13–14　已知组合体的平面图和立面图，作 1–1 半剖面图和 2–2 半剖面图。

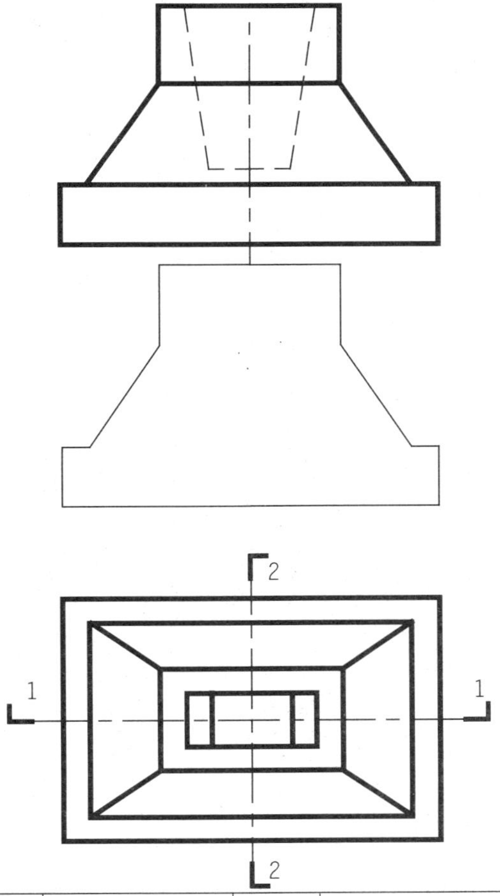

工程形体的表达方法（七）	班级		姓名		学号		

上交作业 请沿此虚线剪切

13–15 已知桥台平面图和正立面图，作 1–1 剖面图。

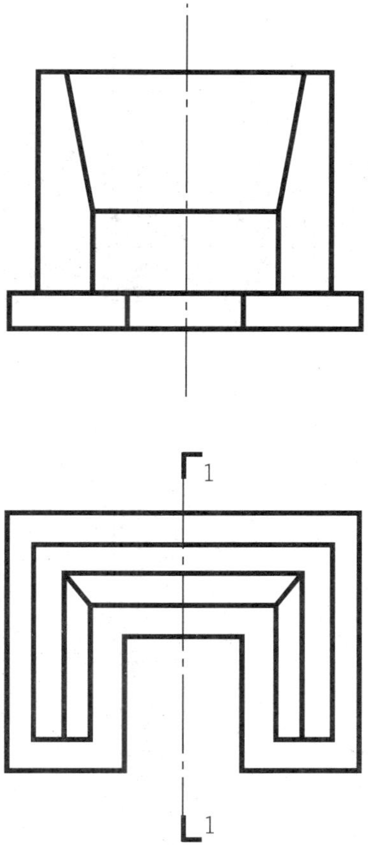

13–16 已知涵洞的平面图和侧面图，作 1–1 剖面图。

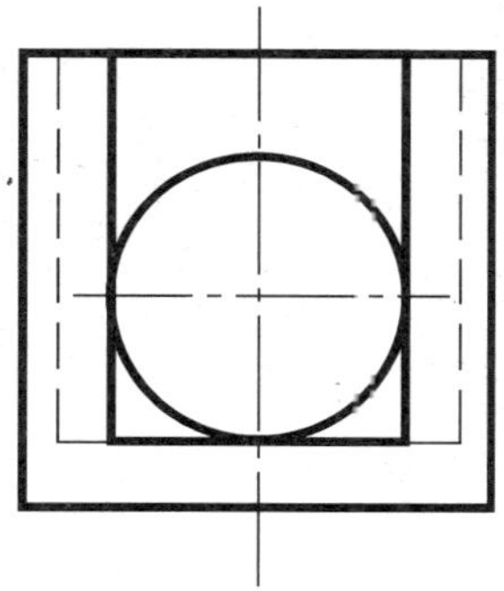

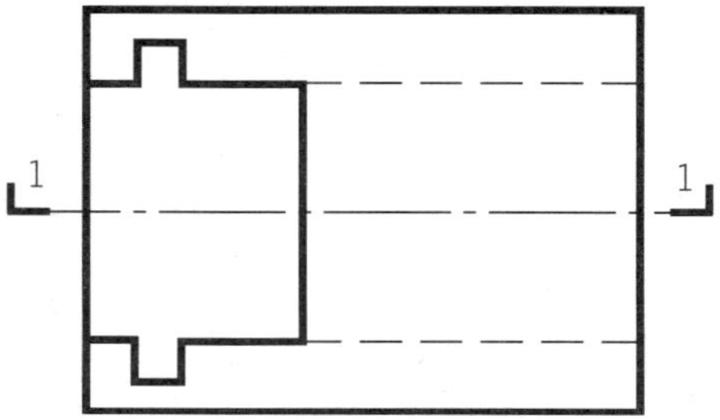

上交作业　请沿此虚线剪切

13–17　已知组合体的平面图和正立面图，作 1–1 和 2–2 剖面图。

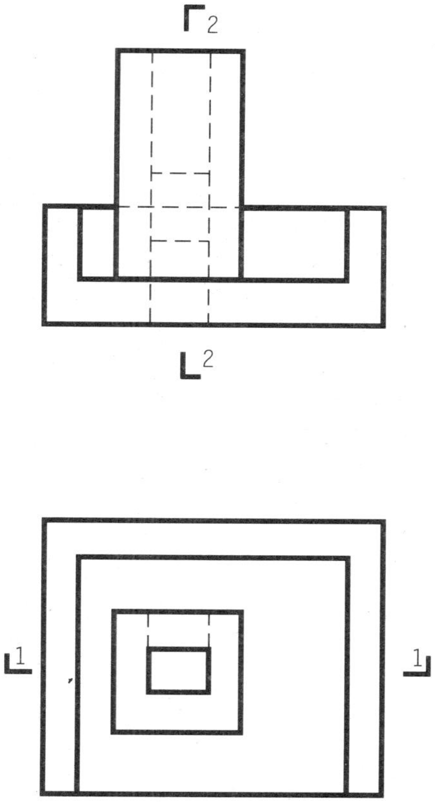

13–18　已知组合体的平面图和立面图，作 1–1 剖面图。

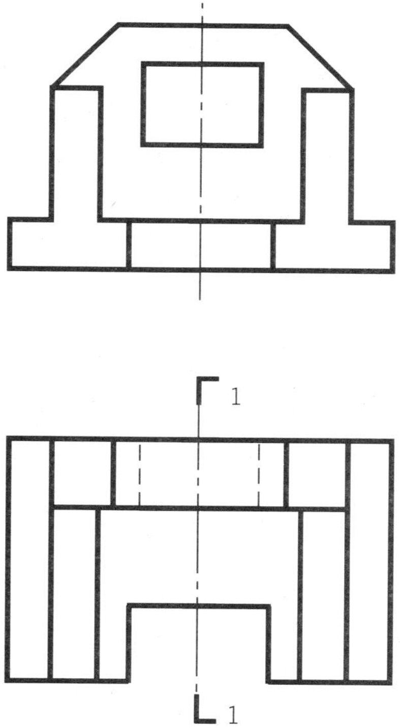

工程形体的表达方法(九)	班级		姓名		学号		

上交作业·请沿此虚线剪切

13-19 已知组合体的三面图，求作 1-1 剖面图和 2-2 断面图。

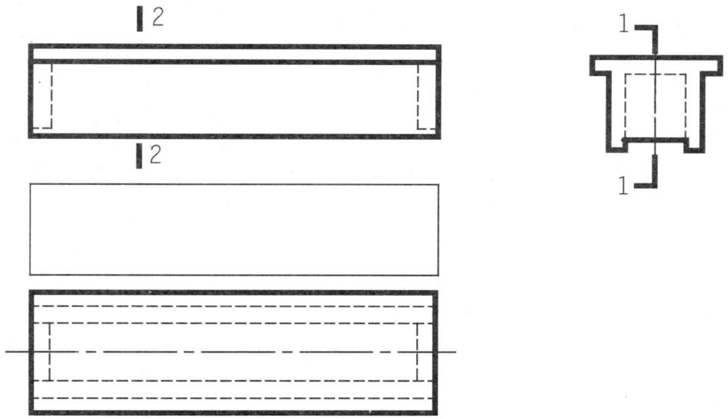

13-20 已知组合体的正立面图和左侧立面图，求作 1-1 和 2-2 断面图。

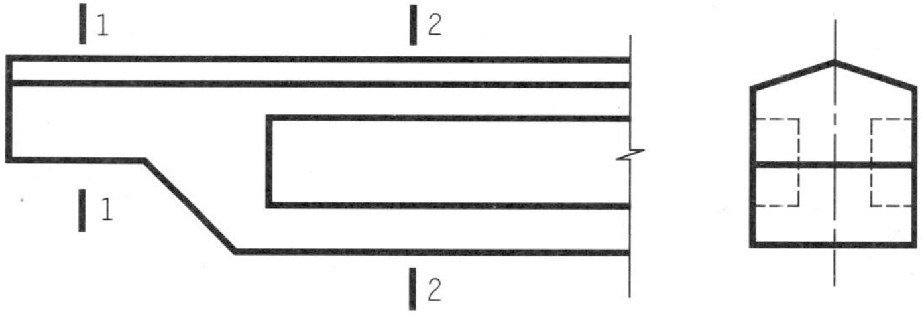

13-21 已知组合体的正立面图和左侧立面图，求作1-1、2-2 和 3-3 断面图。

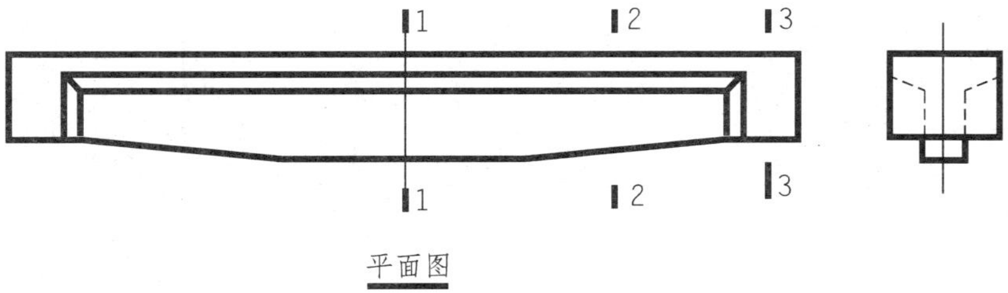

13-22 已知组合体的正立面图和左侧立面图，求作 1-1 和 2-2 断面图。

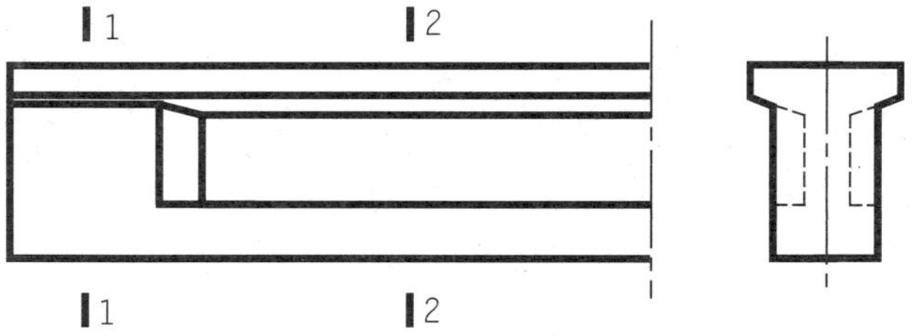

工程形体的表达方法(十)	班级		姓名		学号		

上交作业
请沿此虚线剪切

13–23　已知组合体的正立面图和左侧立面图，求作 1–1 断面图及 2–2 剖面图。

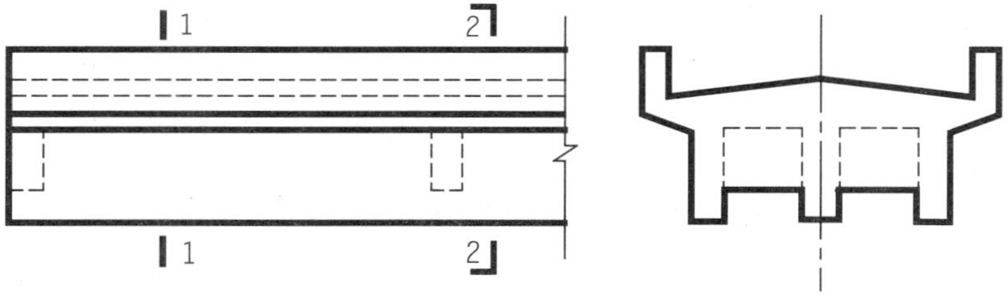

13–24　已知组合体的 1–1 剖面图和平面图，求作 2–2 和 3–3 断面图。

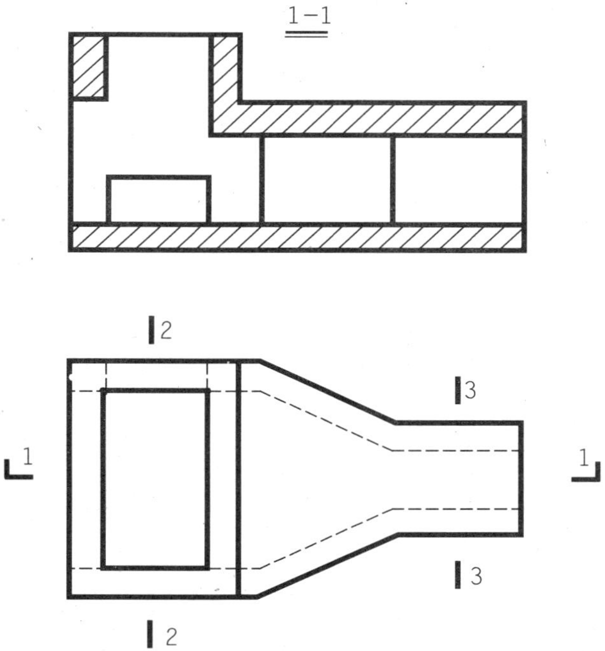

13–25　已知组合体的正立面图和平面图，求作 1–1、2–2 和 3–3 断面图。

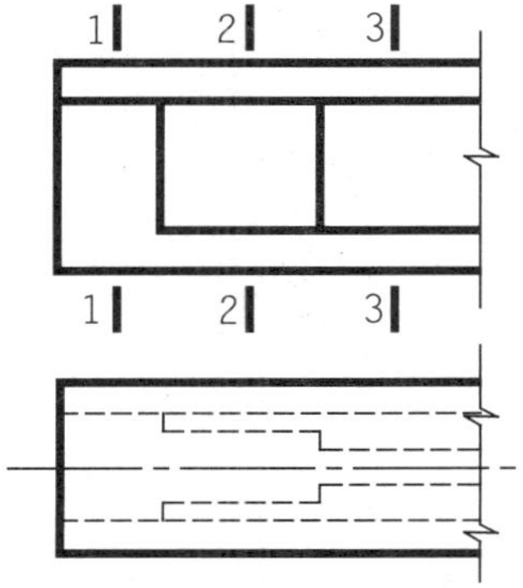

工程形体的表达方法(十一)	班级		姓名		学号	

上交作业请沿此虚线剪切

13-26　在 A3 纸上用适当的表达方法表示检查井,比例为 1∶20,并标注尺寸。

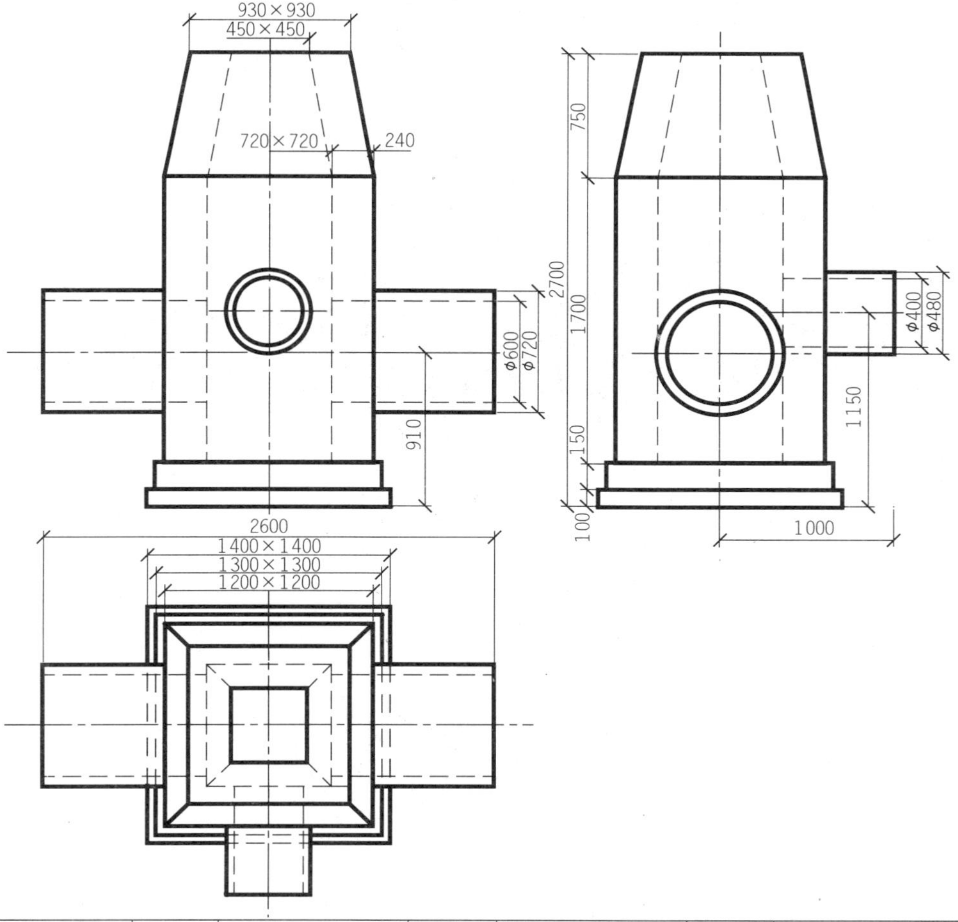

工程形体的表达方法(十二)	班级		姓名		学号		

14–1　作出 P 平面($a56.5$,$b58.5$,$c61$)的坡度比例尺 P_i,并作出该平面与 H 平面的倾角 α。

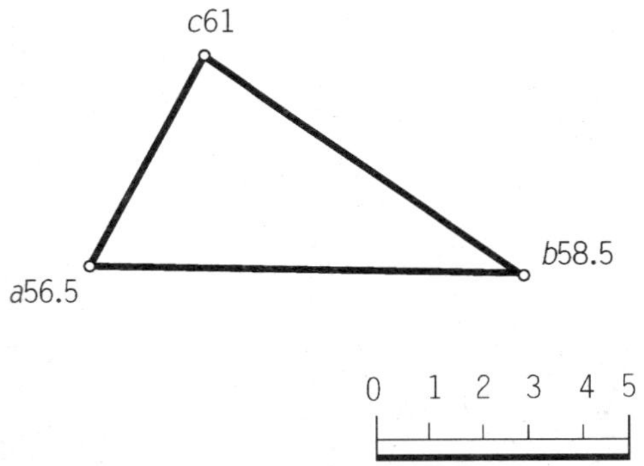

14–2　求下列两平面的交线。

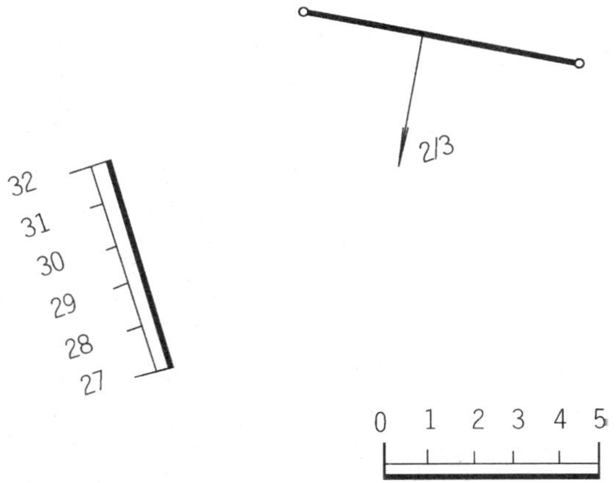

标高投影(一)	班级		姓名		学号		

上交作业请沿此虚线剪切

上交作业 请沿此虚线剪切

14-3 已知直线段 AB 两端点的高程，求该线段的坡度 i，并定出线段上高程为整数的各点（比例 1 : 100）。

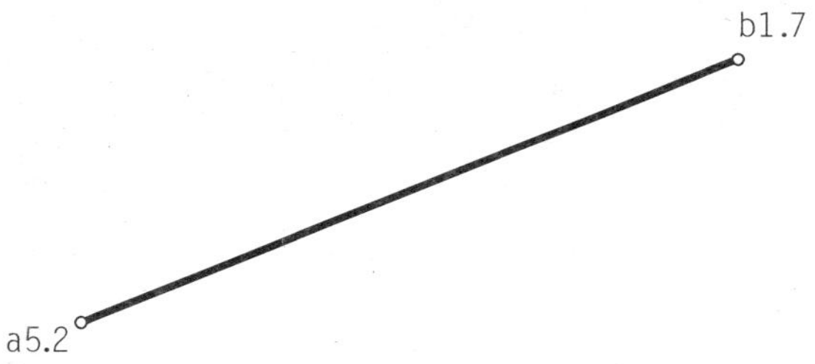

14-4 平面 P 由直线 AB 及坡度 4/5 所决定，平面 Q 由过点 A 的坡度为 1/2 的直线及坡度 3/4 所决定，求 P、Q 两平面的交线。

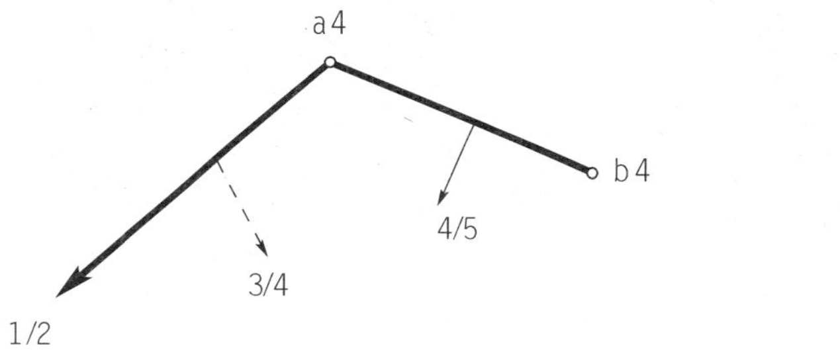

标高投影（二）	班级		姓名		学号		

上交作业请沿此虚线剪切

14–5　在高程为 0m 的地面上建筑一高程为 3m 的平台，求作坡脚线及坡面交线。

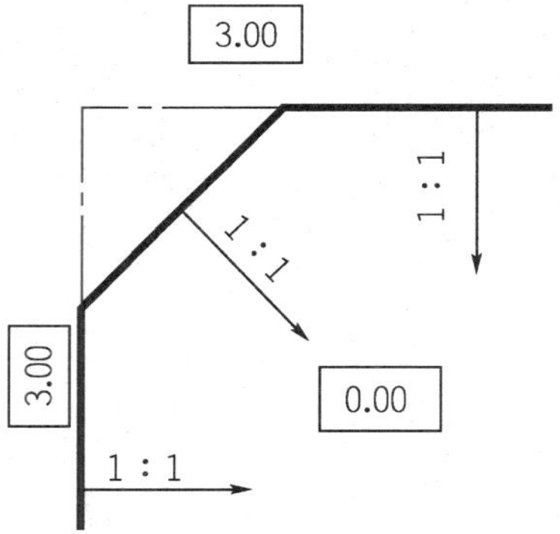

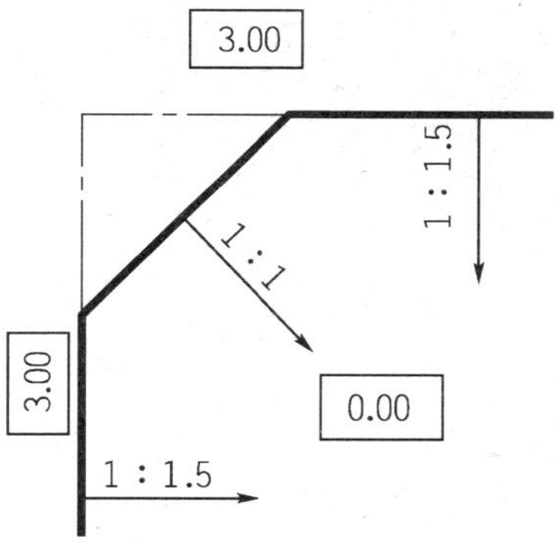

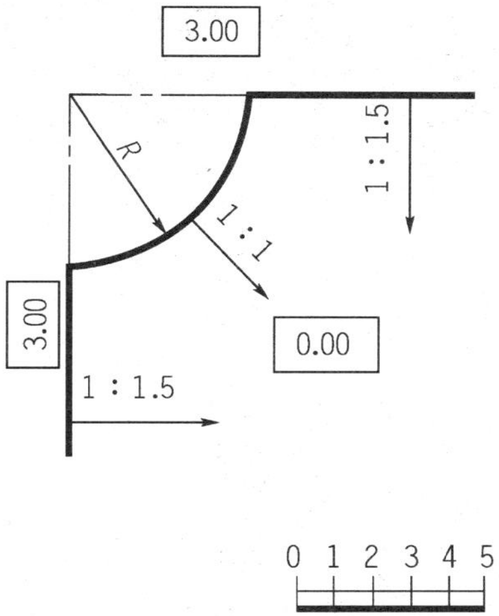

标高投影(三)	班级		姓名		学号		

上交作业 请沿此虚线剪切

14–6　在高程为–4.00m 的地面上开挖一高程为–6.00m 的基坑，挖方边坡为 2∶1，求作开挖线及坡面交线。

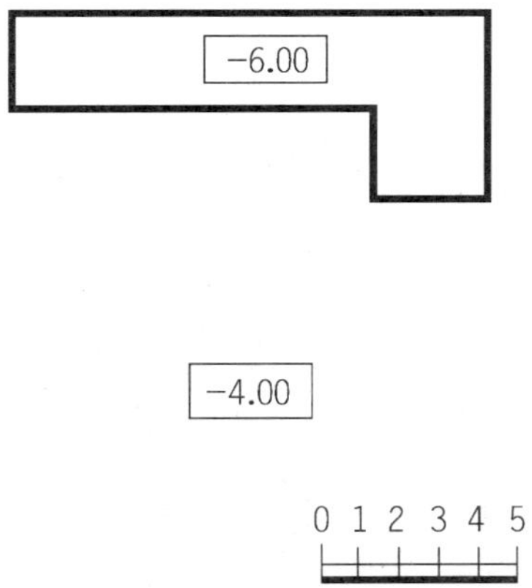

14–7　各水平面高程及边坡如下图所示，求坡脚线及坡面交线（比例 1∶200）。

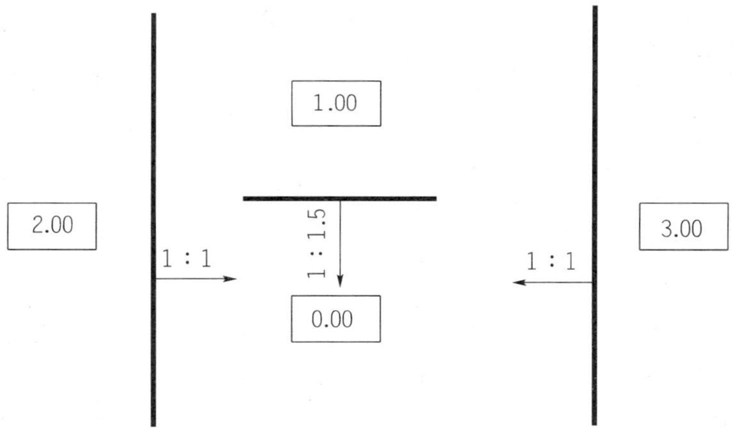

标高投影(四)	班级		姓名		学号		

14-8 在山坡上开筑一水平场地,其高程为-121m,已知挖方边坡为 1∶0.8,填方坡 1∶1,求开挖线、坡脚线和坡面交线。

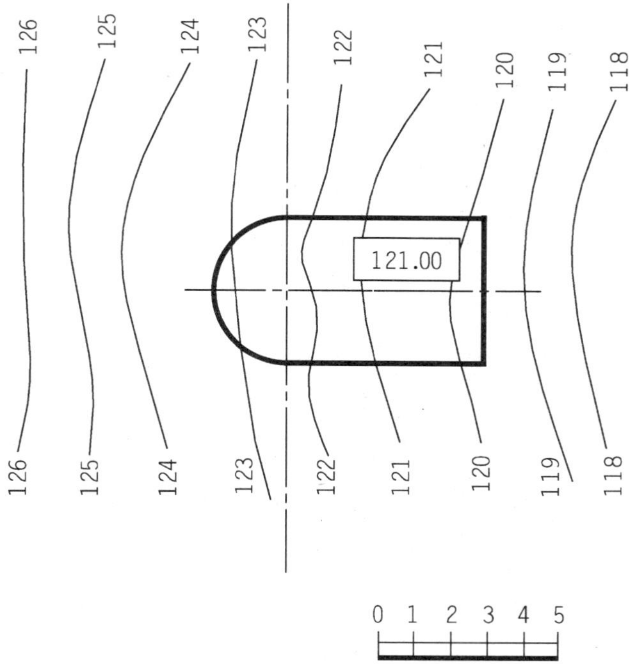

标高投影(五)	班级		姓名		学号		

上交作业请沿此虚线剪切

14-9　在高程为 1m 的平地上筑大小二堤，堤顶高程及两侧边坡如下图所示，求作坡脚线和坡面交线（比例 1∶500）。

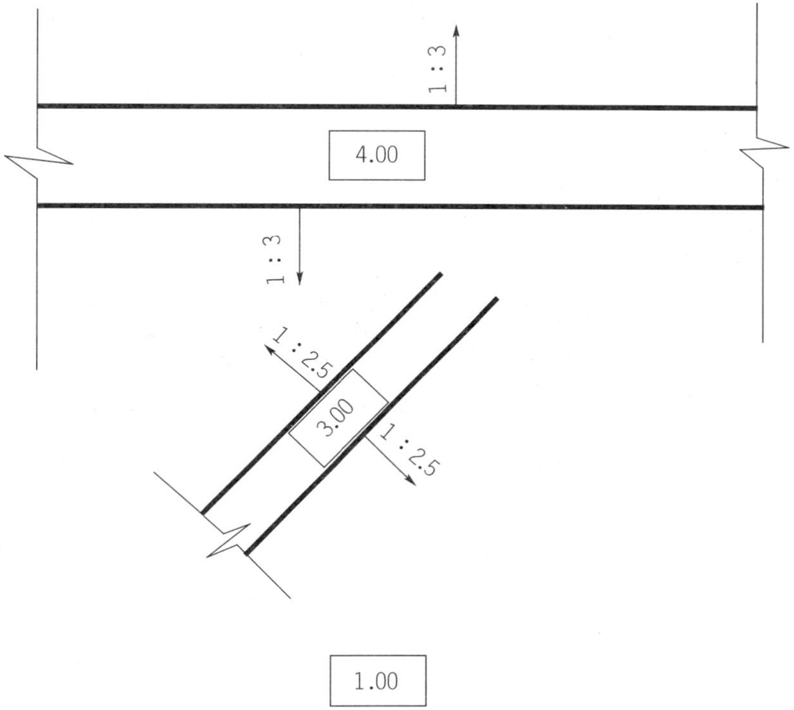

标高投影（六）	班级		姓名		学号		

上交作业　请沿此虚线剪切

14-10　在地面上修筑一条道路，路面高程为 54m，路两侧的边坡，填方为 1∶1.5，挖方为 1∶1，求填挖边界线。

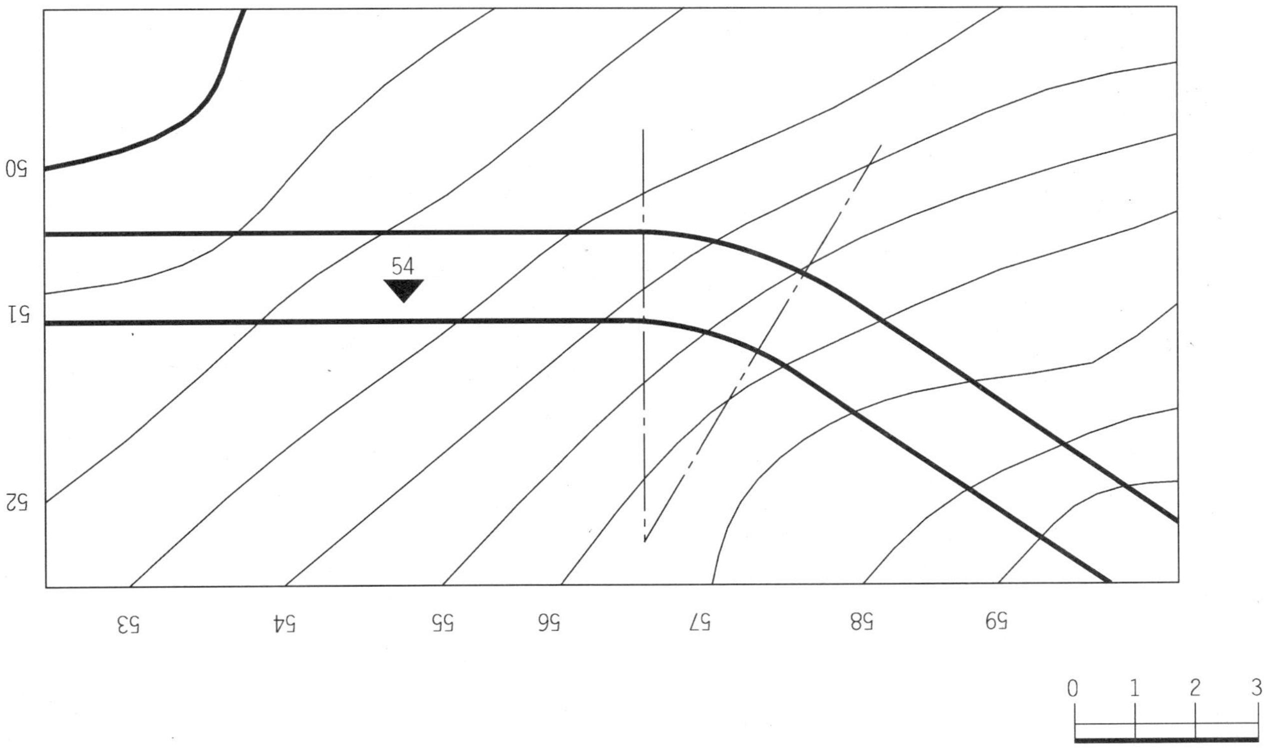

标高投影(七)	班级		姓名		学号		

15-1　根据立柱的钢筋图作出 1-1 断面图(尺寸单位:mm)。

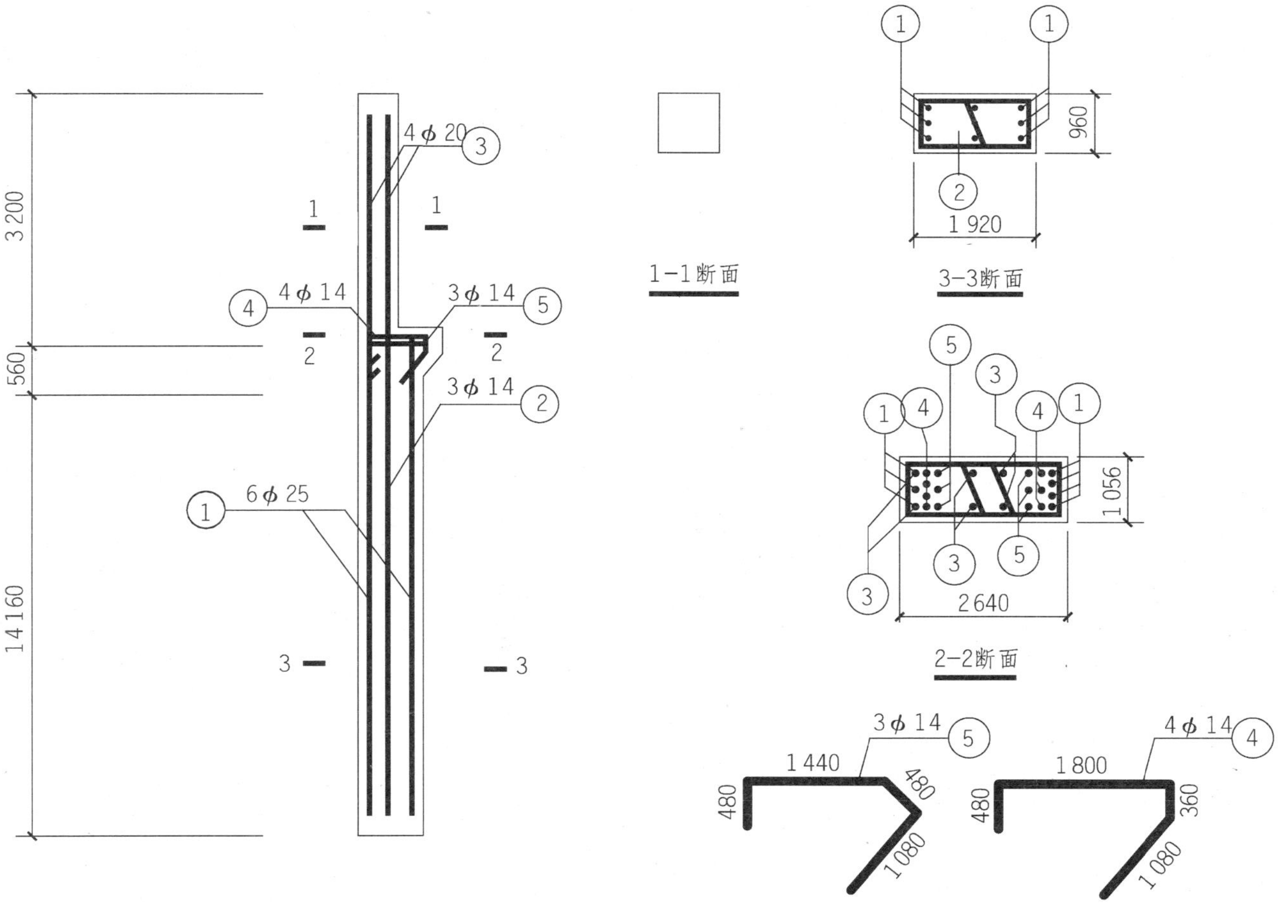

钢筋混凝土结构图(一)	班级		姓名		学号		

上交作业 请沿此虚线剪切

15-2　根据桥墩的钢筋图作出 2-2 断面图(尺寸单位:mm)。

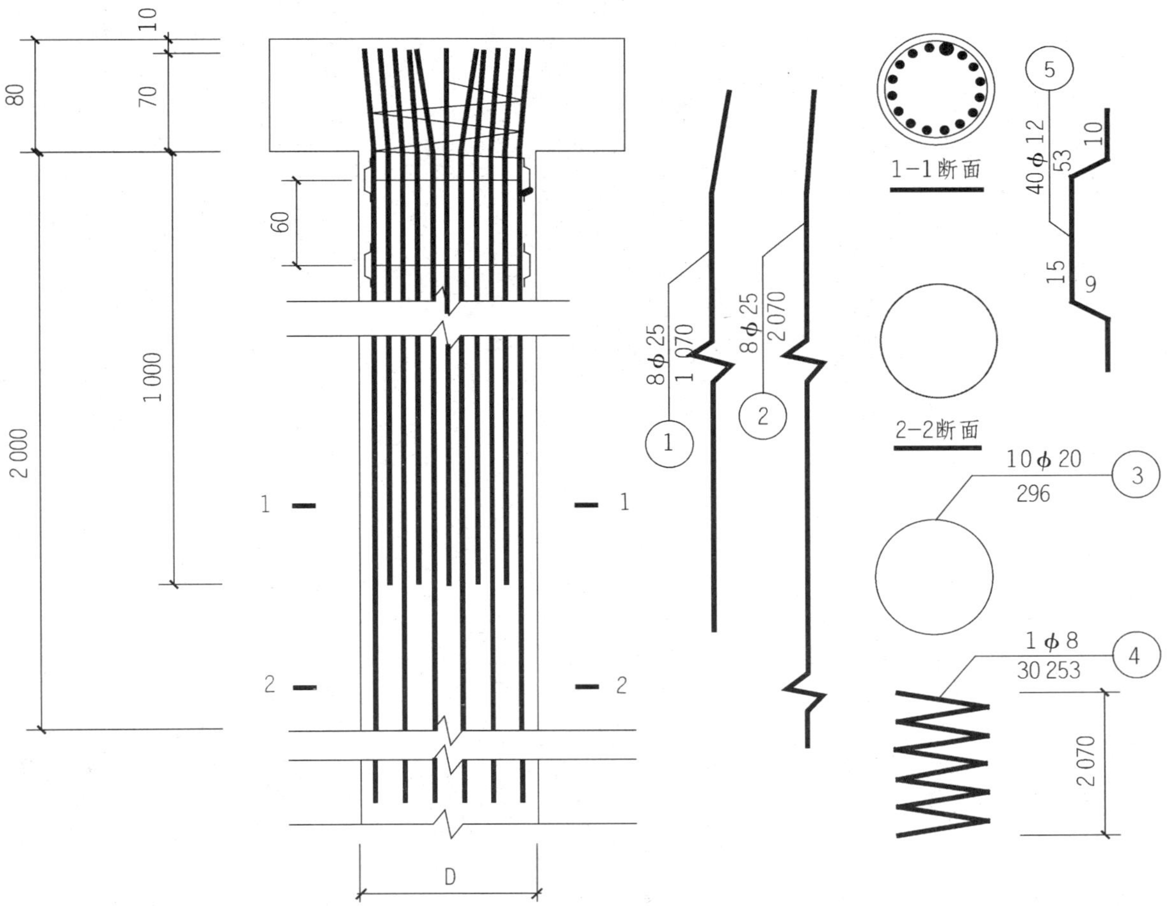

钢筋混凝土结构图(二)	班级		姓名		学号		

上交作业 请沿此虚线剪切

15–3　根据给出的钢筋图作出 I–I 断面图(尺寸单位:mm)。

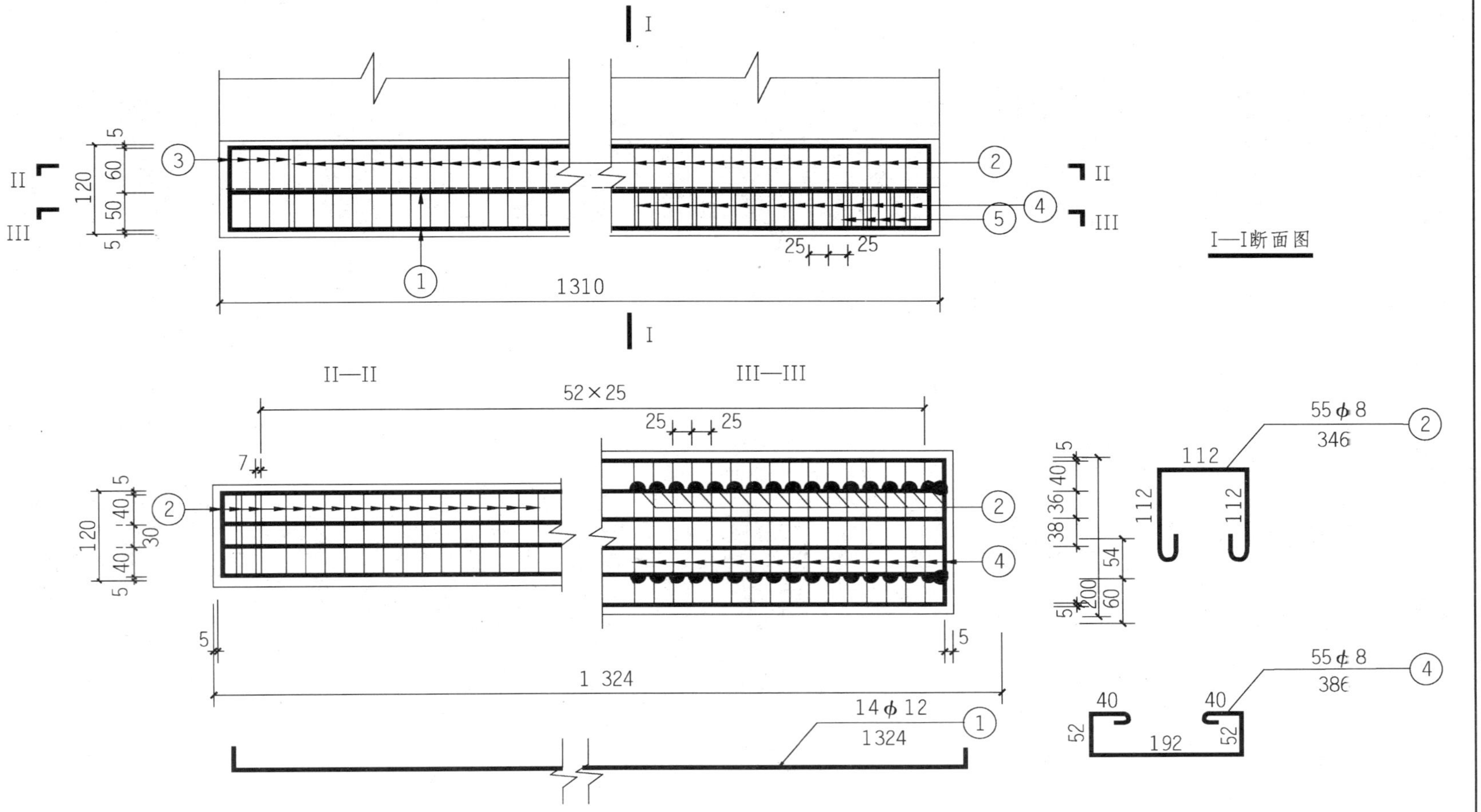

钢筋混凝土结构图(三)	班级		姓名		学号		

上交作业 请沿此虚线剪切

15–4 试作出下面钢筋混凝土板中 1–1 断面图和 2–2 剖面图(尺寸单位:mm)。

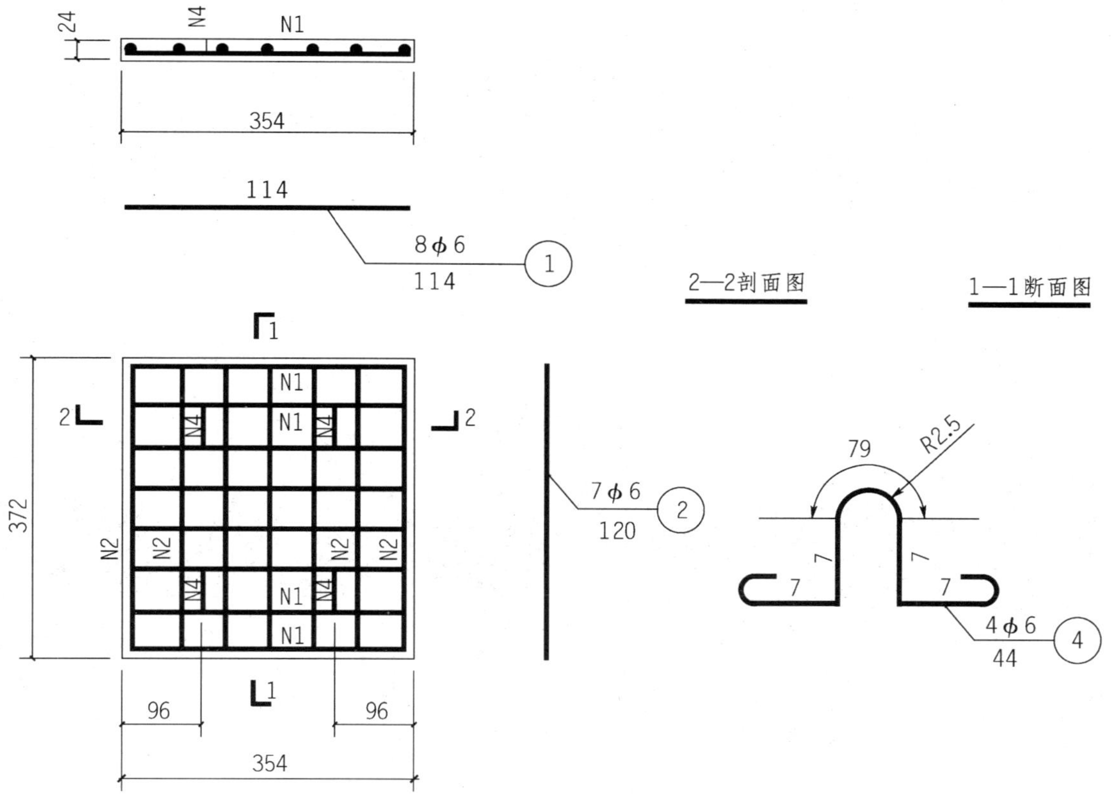

钢筋混凝土结构图(四)	班级		姓名		学号		

上交作业……请沿此虚线剪切

15-5 试作出下面钢筋混凝土梁中 2-2 断面图(尺寸单位:mm)。

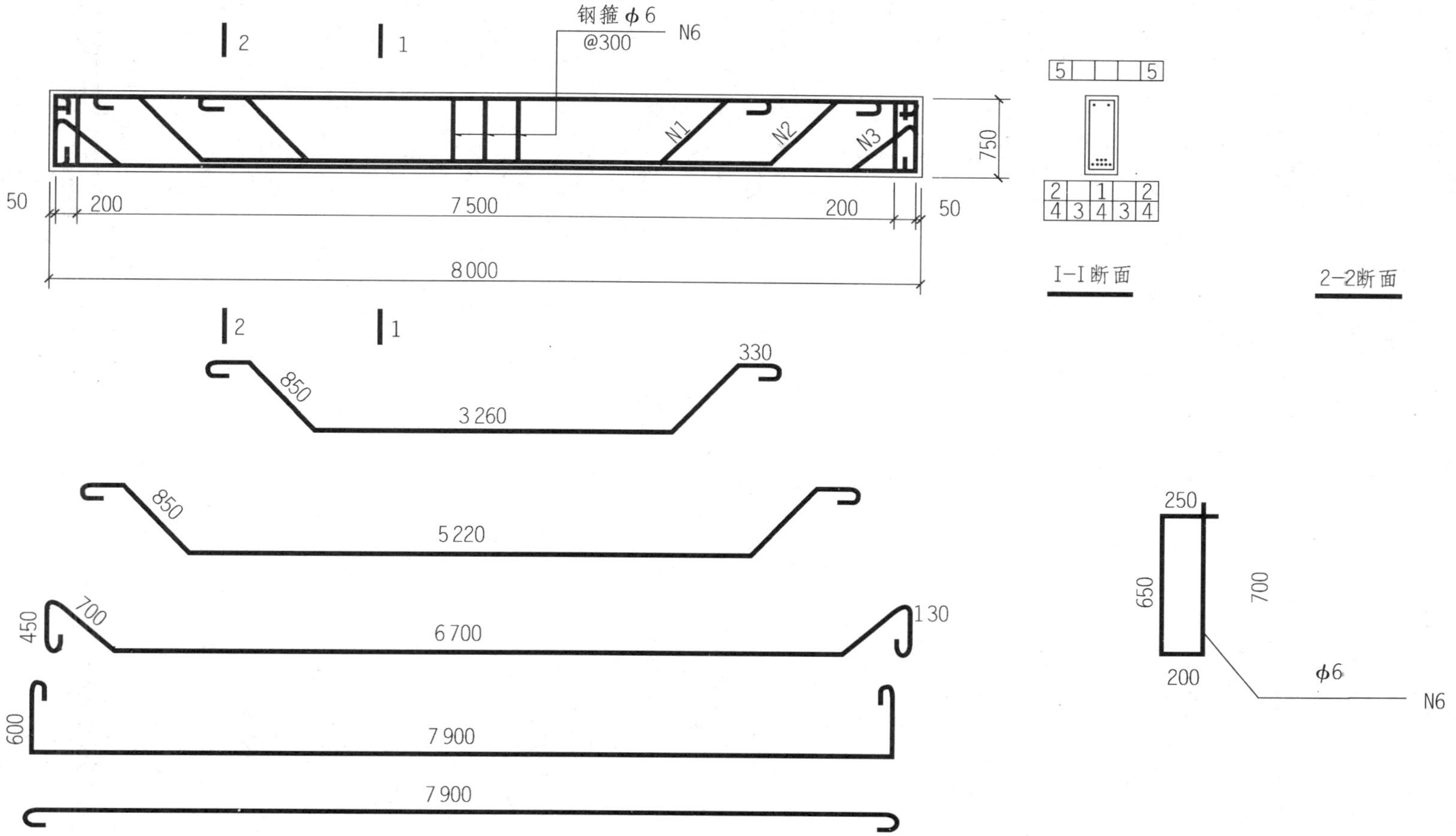

钢筋混凝土结构图(五)	班级		姓名		学号	

上交作业·请沿此虚线剪切

15-5 试作出下面钢筋混凝土梁中 2-2 断面图(尺寸单位:mm)。

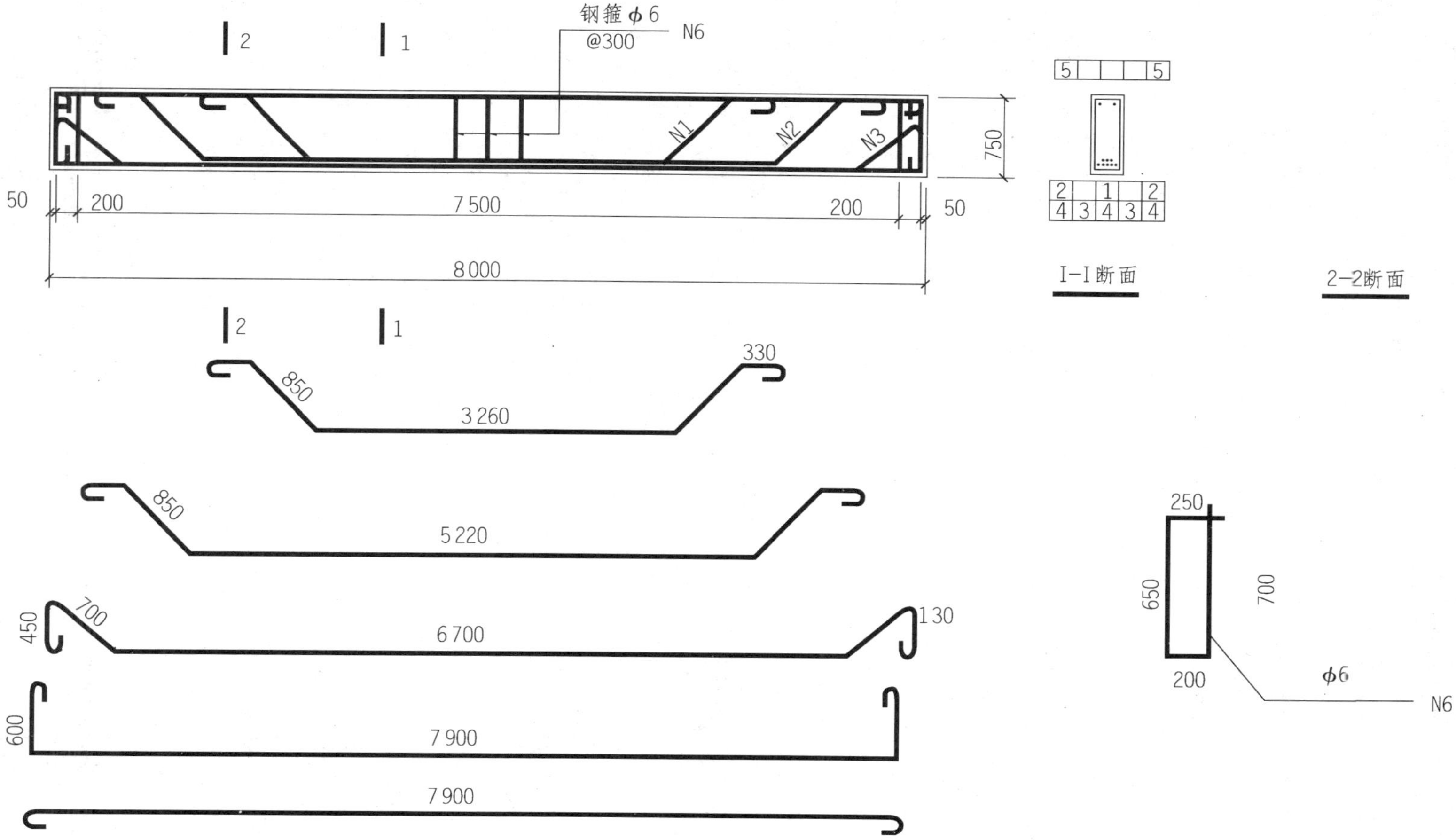

钢筋混凝土结构图(五)	班级		姓名		学号		

16-1 阅读下面的道路路线工程图，说明基本的地形、地物、路线的布置情况。

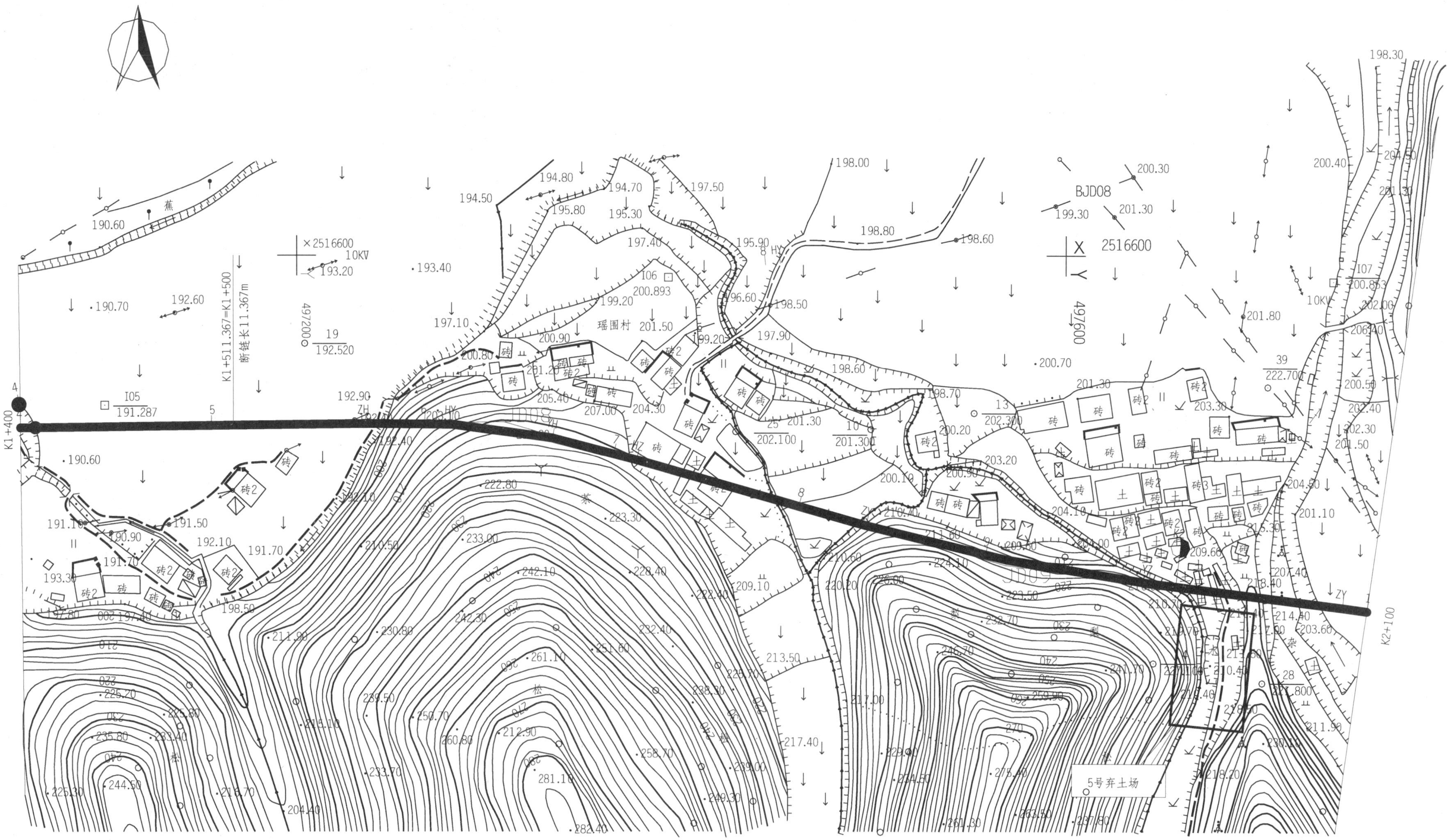

平曲线要素表

交点号	交点桩号	交点坐标		偏角		曲线要素值（m）								曲线控制桩号			
		X（N）	Y（E）	左偏	右偏	R	A1	A2	Lh1	Lh2	T1	T2	L	ZH	HY	YH	HZ
JD08	K1+641.126	2516516.000	497308.000		16° 04′ 28″	350.000	125.499	125.499	45.000	45.000	71.952	71.952	53.194	K1+569.174	K1+614.174	K1+667.368	K1+712.368
JD09	K1+911.164	2516444.000	497569.000	8° 35′ 46″		1000.000	0.000	0.000	0.000	0.000	75.157	75.157	150.032	K1+836.007	K1+836.007	K1+986.039	K1+986.039

道路路线工程图（一）	班级		姓名		学号	

上交作业——请沿此虚线剪切

上交作业·请沿此虚线剪切

16-2　阅读下面的道路路线纵断面图，说明路线的设计情况和填挖情况及构造物的布置情况。

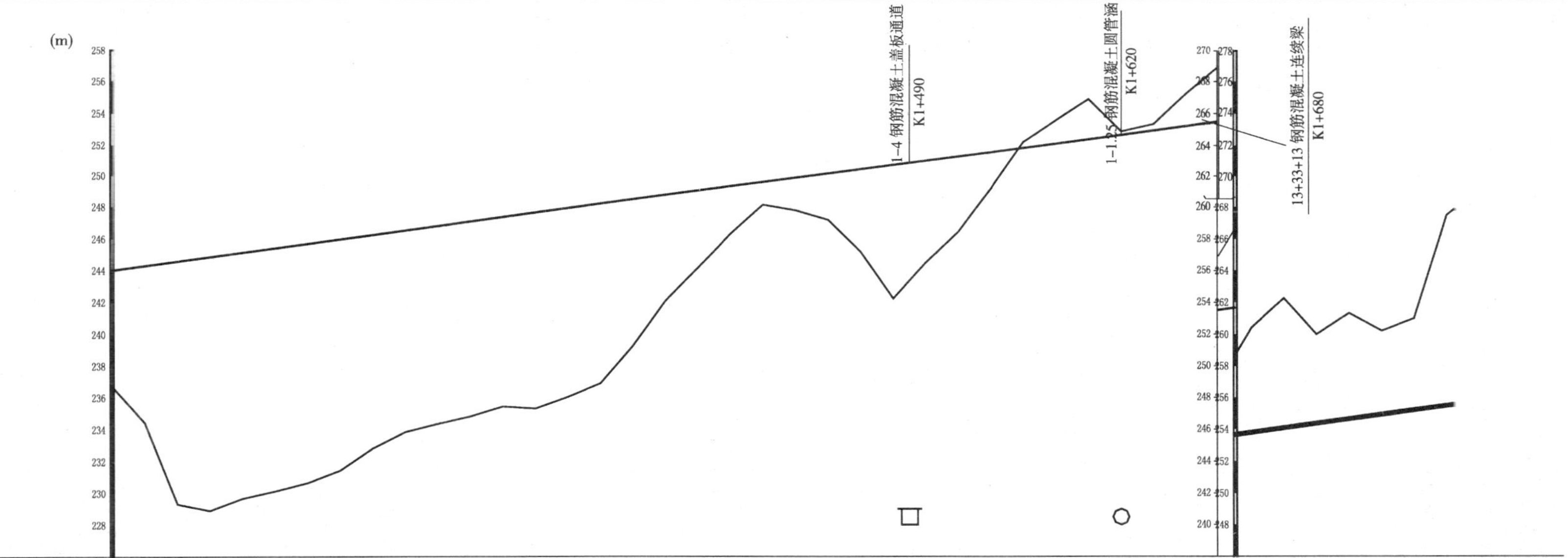

		1+000	20.00	40.00	60.00	80.00	100.00	120.00	140.00	160.00	180.00	200.00	220.00	240.00	260.00
地质概况	1														
设计高程(m)	2	244.00	244.28	244.56	244.84	245.12	245.40	245.68	245.96	246.24	246.52	246.80	247.08	247.36	247.64
地面高程(m)	3	236.71	234.41	229.30	228.89	229.66	230.13	230.65	231.43	232.81	233.84	234.35	234.80	235.43	235.29
坡度 / 坡长(m)	4		1.400%												
里程桩号	5	1+000	20.00	40.00	60.00	80.00	100.00	120.00	140.00	160.00	180.00	200.00	220.00	240.00	260.00
直线及平曲线	6														
超高	7														

		280.00	300.00	320.00	340.00	360.00	380.00	400.00	420.00	440.00	460.00	480.00	500.00	520.00	540.00
地质概况	1														
设计高程(m)	2	247.92	248.20	248.48	248.76	249.04	249.32	249.60	249.88	250.16	250.44	250.72	251.00	251.28	251.56
地面高程(m)	3	236.04	236.89	239.28	242.09	244.17	246.31	248.13	247.78	247.19	245.18	242.23	244.51	246.47	249.19
坡度 / 坡长(m)	4														
里程桩号	5	280.00	300.00	320.00	340.00	360.00	380.00	400.00	420.00	440.00	460.00	480.00	500.00	520.00	540.00
直线及平曲线	6														
超高	7														

		560.00	580.00	600.00	620.00	640.00	660.00	680.00	K1+690	700.00	720.00	740.00	760.00	780.00	800.00	820.00
地质概况	1															
设计高程(m)	2	251.84	252.12	252.40	252.68	252.96	253.24	253.52		253.80	254.08	254.36	254.64	254.92	255.20	255.48
地面高程(m)	3	252.23	253.59	254.90	252.90	253.36	255.25	256.98		260.42	262.25	260.00	261.32	260.22	260.99	267.51
坡度 / 坡长(m)	4							690(1550)								
里程桩号	5	560.00	580.00	600.00	620.00	640.00	660.00	680.00	K1+690	700.00	720.00	740.00	760.00	780.00	800.00	820.00
直线及平曲线	6															
超高	7															

道路路线工程图(二)	班级		姓名		学号	

上交作业 请沿此虚线剪切

16–3 阅读下面的道路路基横断面图，了解地面线和路基填挖方情况。

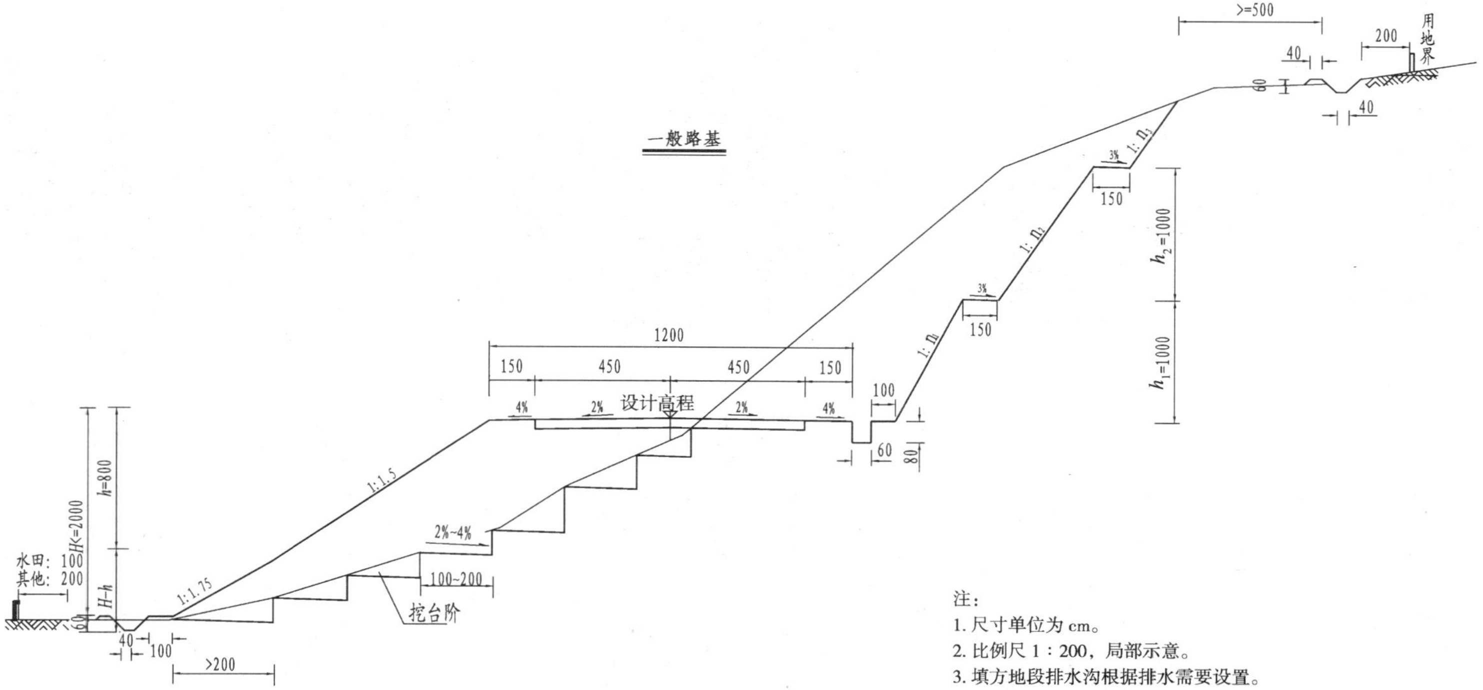

注：
1. 尺寸单位为 cm。
2. 比例尺 1∶200，局部示意。
3. 填方地段排水沟根据排水需要设置。
4. 填方段原地面坡度陡于 1∶5 时必须挖台阶。地面坡度陡于 1∶10 的耕地填前应挖松后夯（压）实。
5. 城镇地段边沟盖板

道路路线工程图(三)	班级		姓名		学号		

16–3 阅读下面的道路路基横断面图，了解地面线和路基填挖方情况。

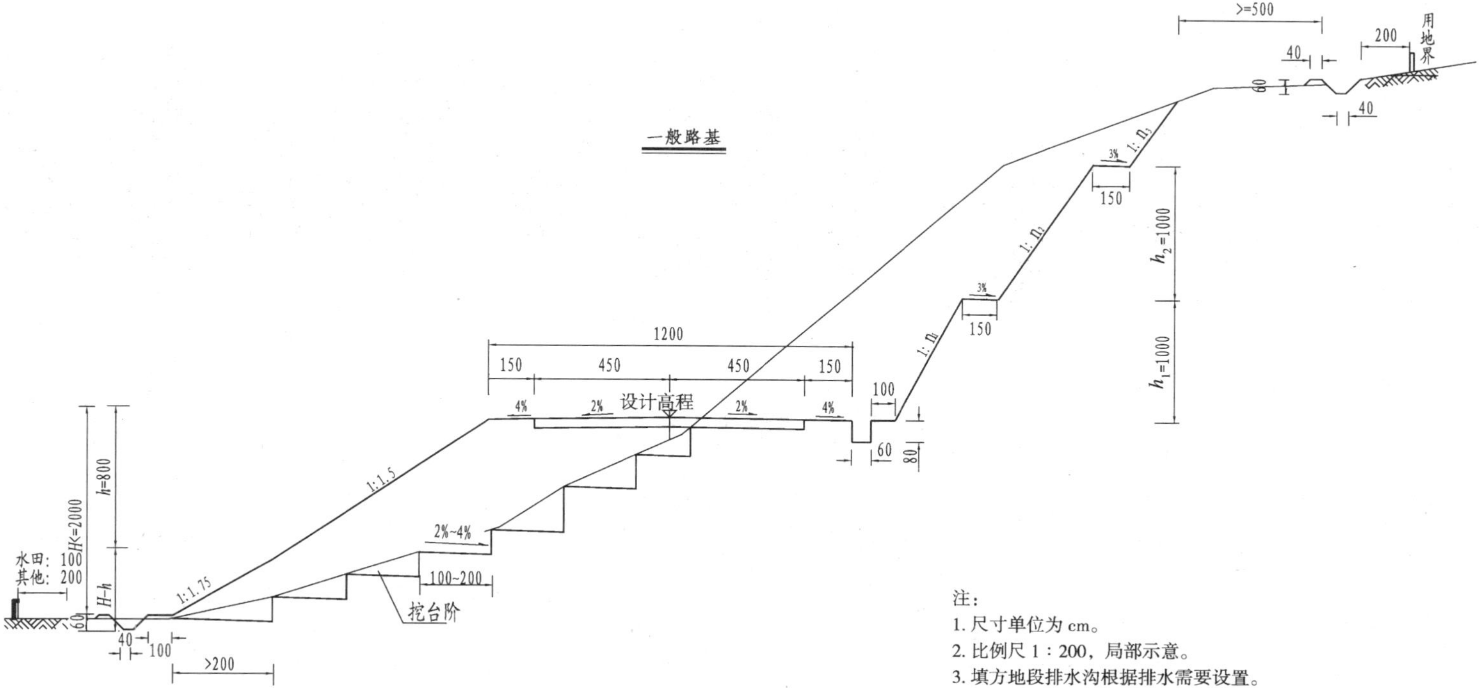

注：

1. 尺寸单位为cm。
2. 比例尺1：200，局部示意。
3. 填方地段排水沟根据排水需要设置。
4. 填方段原地面坡度陡于1：5时必须挖台阶。地面坡度陡于1：10的耕地填前应挖松后夯（压）实。
5. 城镇地段边沟盖板

道路路线工程图(三)	班级		姓名		学号		

17-1 在 A2 纸上用 1:250 的比例抄绘下面桥梁工程图,细节参看教材。

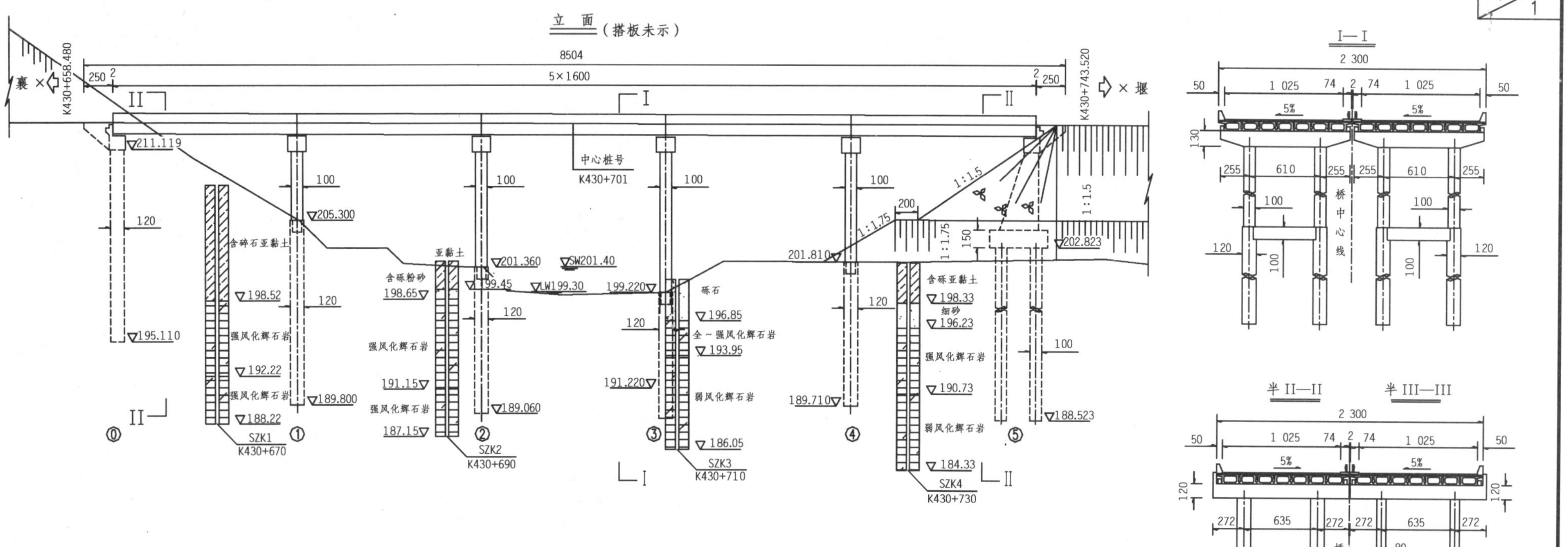

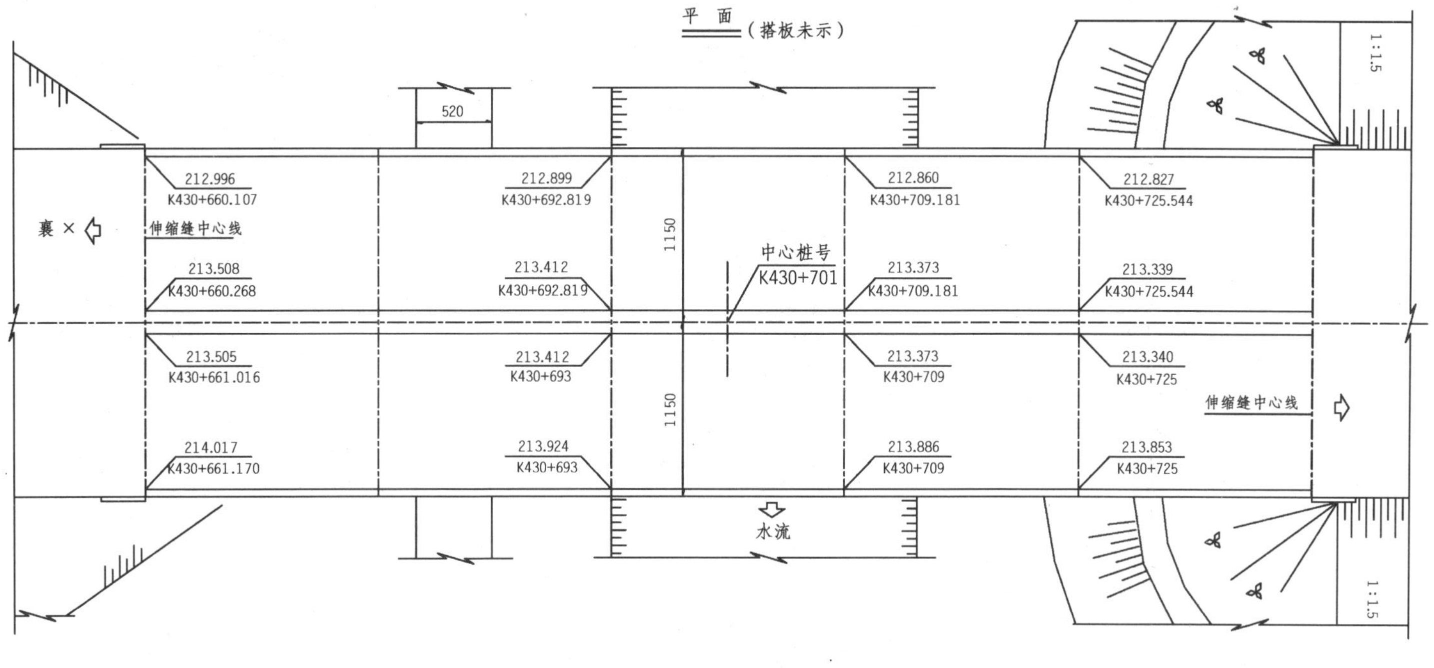

注:

1. 本图尺寸桩号高程以米计，余均以厘米计；
2. 本桥设计荷载：公路—I 级；
3. 本桥平面位于 R=520m 的左偏圆曲线上，纵面位于 R=45 000m 凹型竖曲线上。
4. 本桥上部构造采用 5l6m 预应力混凝土宽幅空心板，简支桥面连续；下部构造桥墩采用桩式墩，桩基础；0 号台采用桩柱式台，5 号台采用肋板台，桩基础；
5. 本桥采用仿毛勒 80 型伸缩缝。
6. 本桥采用 ϕ200×42 球冠圆板橡胶支座，桥台增设四氟滑板；
7. 本桥上构空心板采用桥涵通用图《预应力混凝土宽幅空心板（简支桥面连续）》（第一部分 跨径：16m，路基宽度 :23m）；
8. 本桥护栏、支座及伸缩缝等公用构造见《桥涵公用图》。

××高速公路××山至×××段 项目经理部	××高速公路××山至×××段 合同× 第 册	K430+701 ×××× 中桥 桥型布置图	比例		图号	××省××勘察设计研究院
			日期	2000.2	01	中国 ××

审核 复核 设计

桥梁与隧道工程图(一)	班级		姓名		学号	

上交作业请沿此虚线剪切

上交作业 请沿此虚线剪切

17-2　阅读下面隧道衬砌断面构造图,说明其基本结构形式和特点。

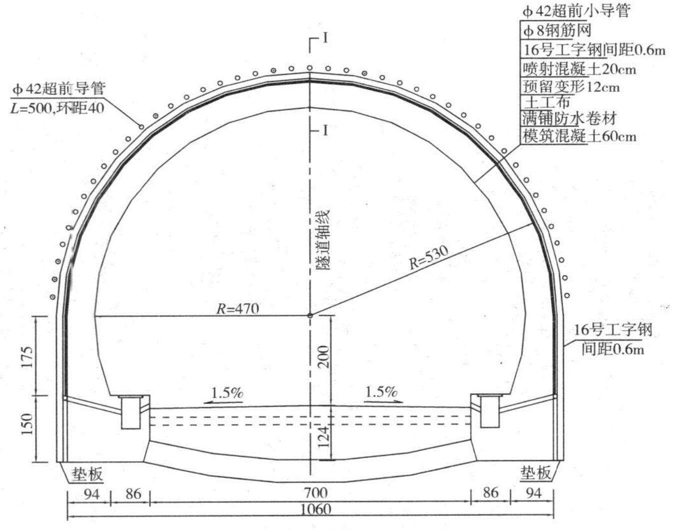

超前小导管注浆布置断面图 1:80

连接板大样 1:10

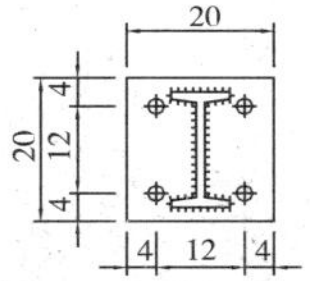

垫板大样 1:10

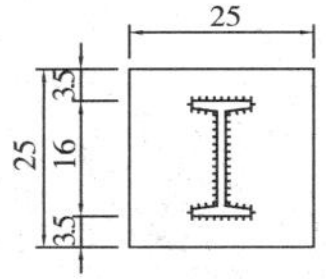

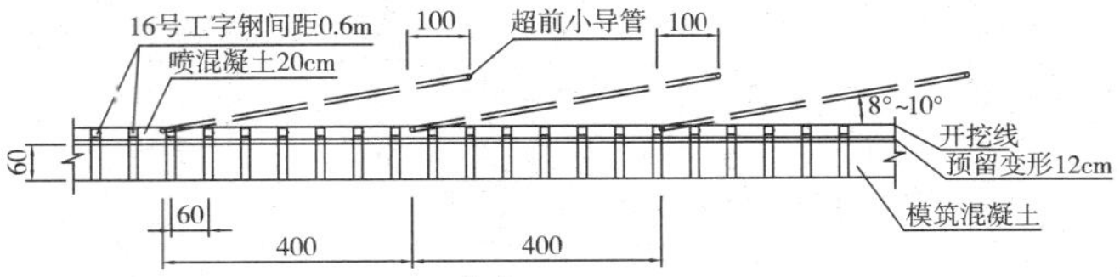

I—I 1:100

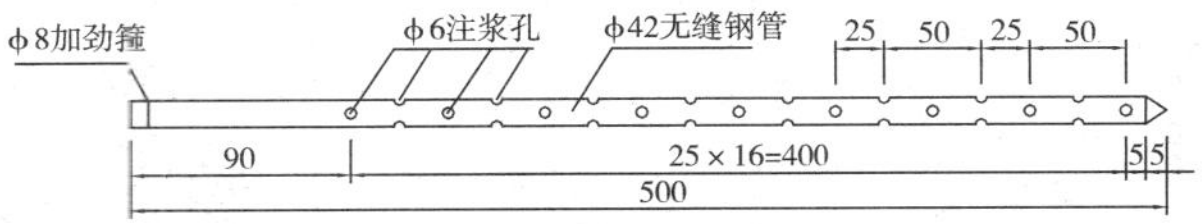

导管大样图 1:30

说明:

1.本图尺寸除钢筋、钢管直径以毫米计外，其余均以厘米计。

2.超前小导管注浆采用外径φ42mm，壁厚4mm的热轧无缝钢管加工制成，长500cm，钢管前端加工成锥形，尾部焊接φ8钢筋加劲箍，管壁四周钻φ6漏浆孔。

3.超前小导管注浆应有不小于1m的搭接长度，侧壁需向洞径外方向偏移10°~15°。

4.本图适用K5+155~K5+176.5及K5+494.5~K5+514段，共长41m。

5.钢筋网（φ8钢筋）呈25cm×25cm菱形，小导管加劲箍处与钢筋网捆接固定。喷射混凝土按20%的回弹量计入。

6.超前小导管注浆采用水泥+水玻璃双液，其参数如下：

①注浆压力1~2MPa　②水泥浆参考水灰比1:1

③水泥强度等级42.5　④水玻璃玻美度为30，模数为2.4

⑤水玻璃与水泥浆的参考体积比1:1.5

7.水玻璃与水泥浆双液必须现场试配。

桥梁与隧道工程图(二)	班级		姓名		学号	

上交作业　请沿此虚线剪切

十八、涵洞工程图

18-1　抄绘下面的箱涵工程图。

立面

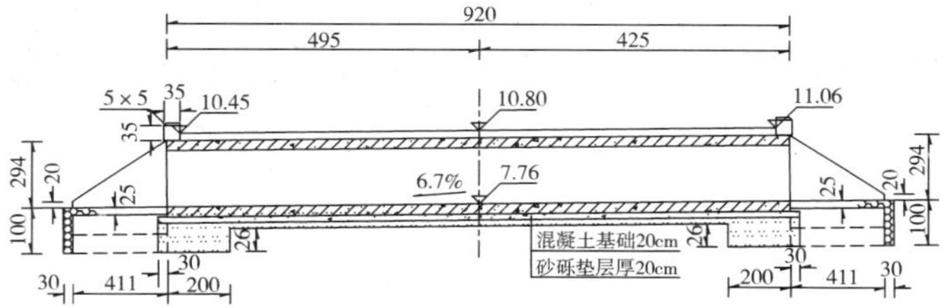

侧面

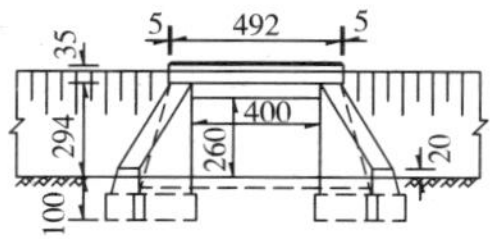

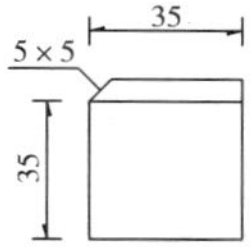

缘石大样图

平面

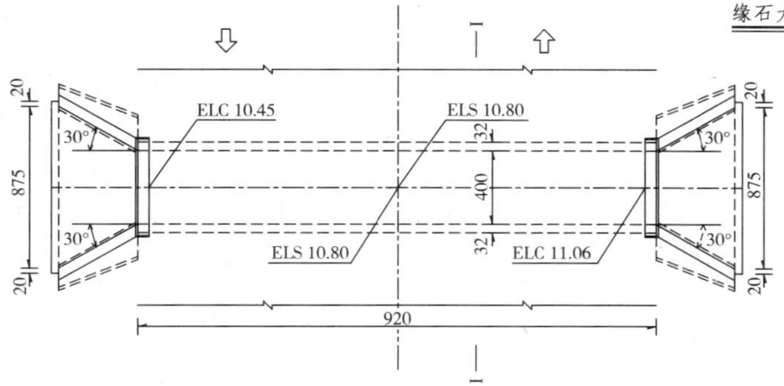

I—I

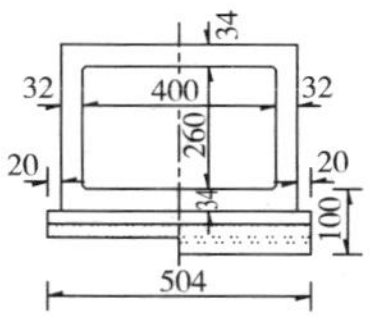

涵身变形缝构造

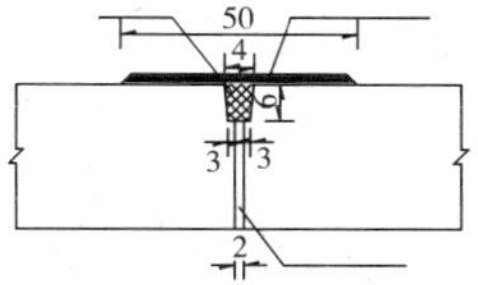

八字翼墙大样

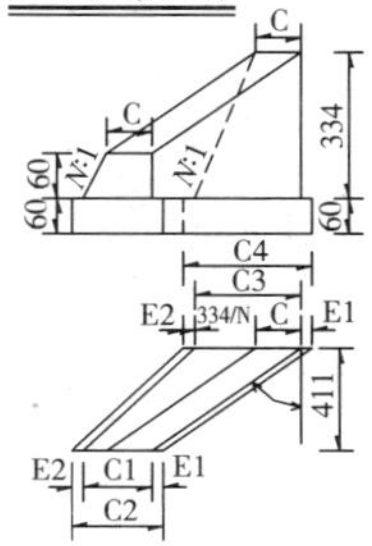

工程数量表

C30混凝土铺装层(m³)	C15混凝土涵身基础(m³)	涵底砂砾垫层(m³)	M7.5浆砌片石八字墙身(m³)	M7.5浆砌片石八字墙基础(m³)	M7.5浆砌片石隔水墙(m³)	M7.5浆砌片石洞口铺砌(m³)	C20混凝土帽石(m³)	涵长(m)	
								左	右
4.27	9.88	16.51	24.84	12.01	5.49	13.10	1.38	4.95	4.25

注：
1.本图尺寸除高程以米计外，余均以厘米计。
2.变形缝4cm×6cm的槽口设在顶面、底板的上面和侧墙的外面，过水箱涵底板变形缝的顶面可不设油毛毡，而在填塞沥青麻絮后再灌注热沥青即可。
3.每道涵均在涵身中部(中央分隔带下)连同基础设变形缝一道，防水措施按本图所示处理。

涵洞工程图	班级		姓名		学号		

上交作业 请沿此虚线剪切

19-1　阅读住宅楼的基础平面图,了解房屋的基础结构形式。

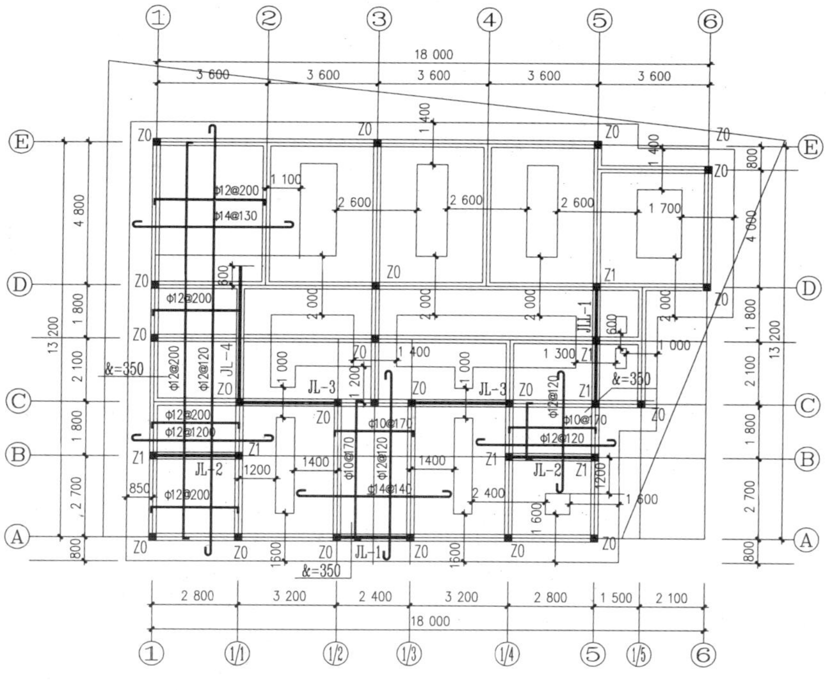

基础平面图

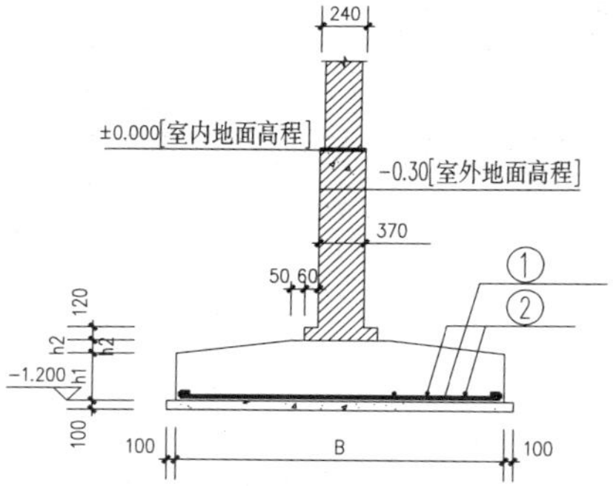

墙下条基大样

编号	B	h1	h2	①	②
TJ06	600	200	0	φ6@200	φ6@200
TJ10	1000	250	50	φ8@180	φ6@200
TJ13	1300	250	50	φ10@180	φ6@200
TJ14	1400	250	50	φ10@150	φ6@200
TJ16	1600	250	50	φ10@120	φ6@200
TJ20	2000	300	50	φ10@140	φ6@200
TJ26	2600	300	100	φ12@100	φ6@200

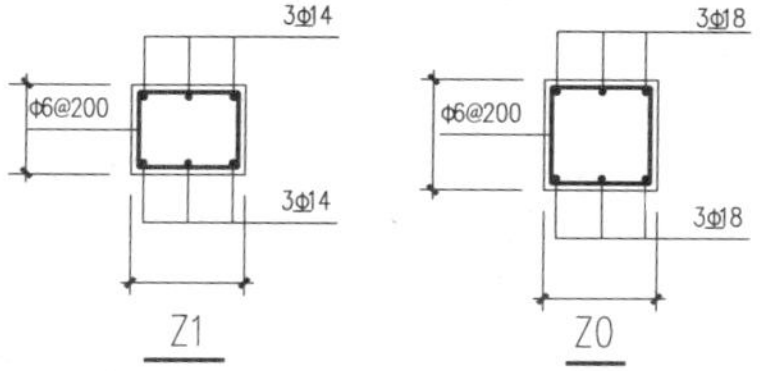

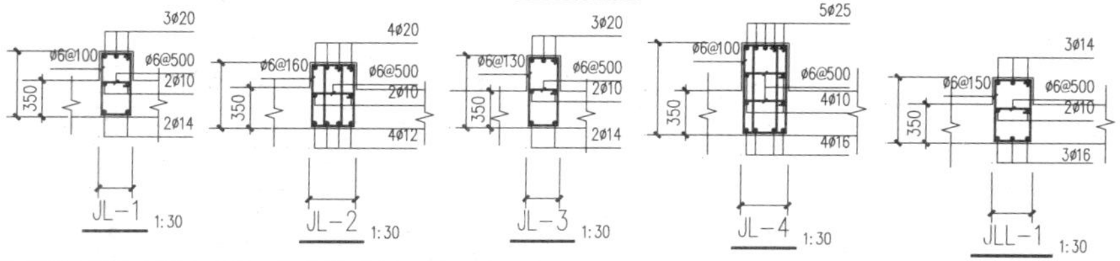

房屋建筑工程图(一)	班级		姓名		学号		

19-2 在A2纸上抄绘住宅楼的二~七层平面图和立面图及楼梯剖面图。

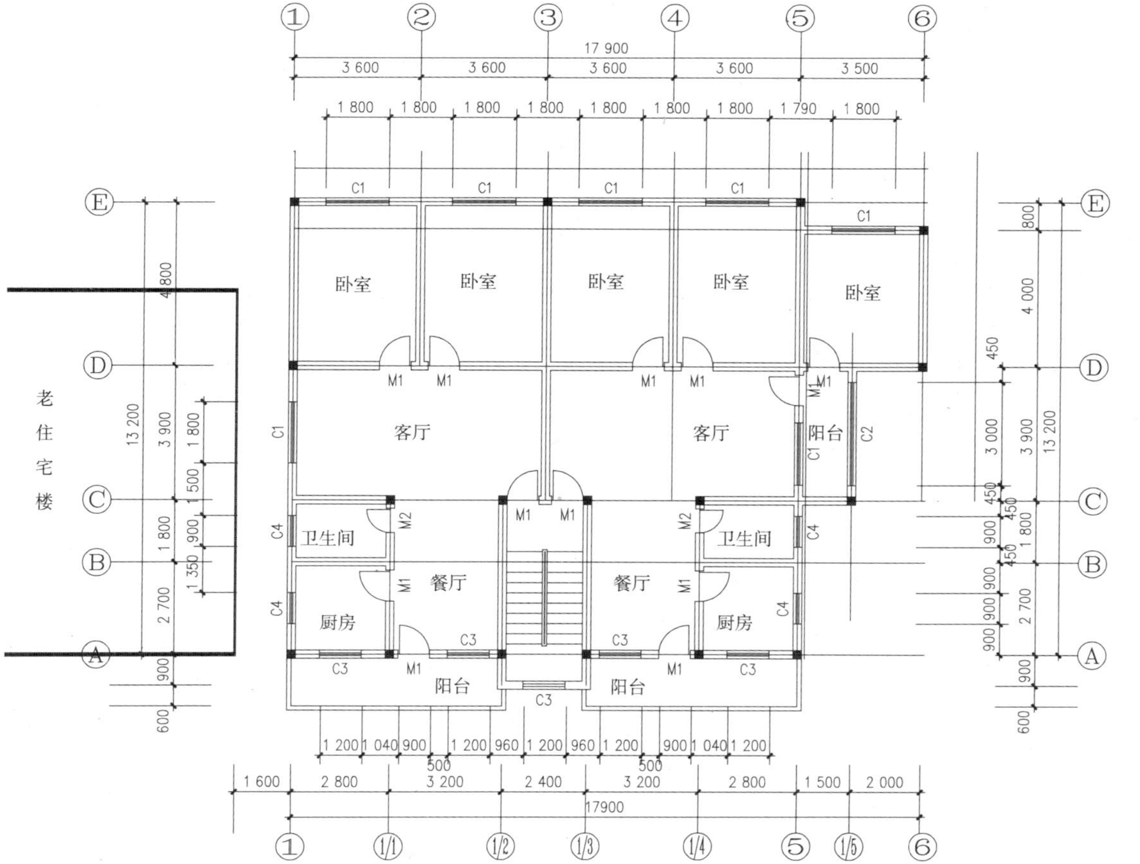

二~七层平面图

注：图示尺寸以毫米计。

房屋建筑工程图(二)	班级		姓名		学号	

上交作业 · 请沿此虚线剪切

立面图

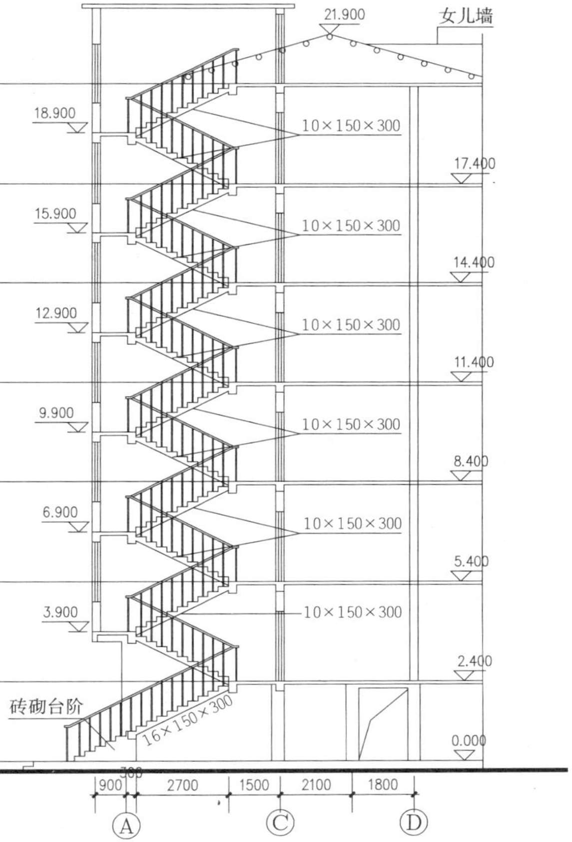

楼梯剖面图

注：图示尺寸以毫米计。

房屋建筑工程图(三)	班级		姓名		学号		

上交作业 请沿此虚线剪切

20　在 A2 纸上用 1:250 的比例抄绘码头立面图。

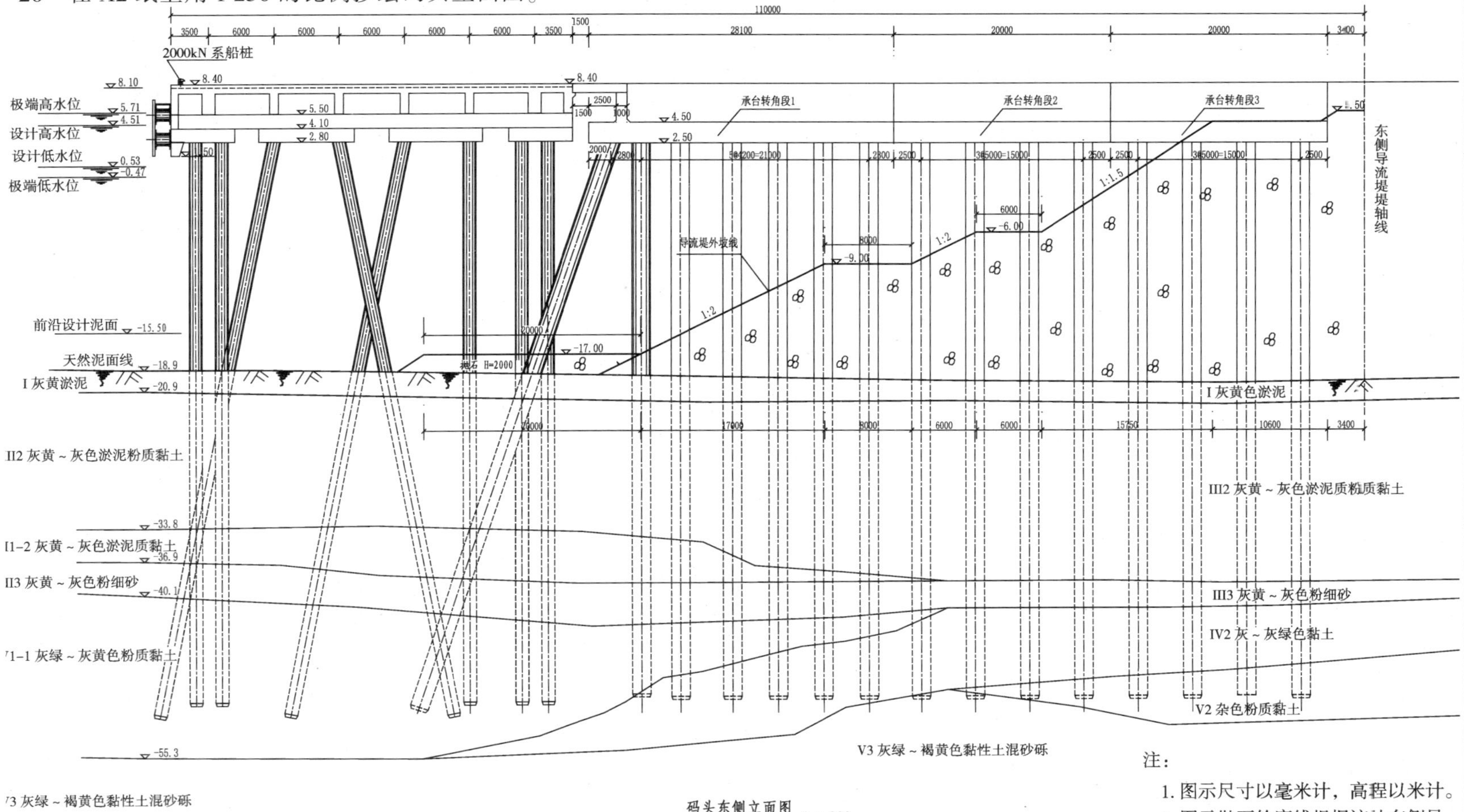

码头东侧立面图　1：200

注：

1. 图示尺寸以毫米计，高程以米计。
2. 图示抛石轮廓线根据该处东侧导 .

水利工程图(一)	班级		姓名		学号	